看！这就是经济学

梁捷 著

中信出版集团 | 北京

图书在版编目（CIP）数据

看！这就是经济学 / 梁捷著 . -- 北京：中信出版社，2022.5
ISBN 978-7-5217-3480-5

I. ①看… II. ①梁… III. ①经济学 – 通俗读物
IV. ① F0-49

中国版本图书馆 CIP 数据核字（2021）第 169248 号

看！这就是经济学

著者： 梁捷
出版发行： 中信出版集团股份有限公司
（北京市朝阳区惠新东街甲 4 号富盛大厦 2 座 邮编 100029）
承印者： 宝蕾元仁浩（天津）印刷有限公司

开本：880mm×1230mm 1/32　　印张：10.25　　字数：170 千字
版次：2022 年 5 月第 1 版　　印次：2022 年 5 月第 1 次印刷
书号：ISBN 978-7-5217-3480-5
定价：69.00 元

目 录

前　言

2019年年初，梁文道先生约我在“看理想”App（应用程序）上录制一档全新的经济学音频节目，这让我受宠若惊。我知道葛兆光、杨照、许子东等前辈名家都在“看理想”上录制节目，并且广受欢迎，而这次我也有机会与大师同台，并向不同背景的社会大众讲述经济学。所以，对于这个邀约，我实在无法拒绝。

在此之前，我已经在上海财经大学讲授了好些年的“西方经济学”，使用的教材则是市面上流行的曼昆的《经济学原理》。虽然这门课我已经教得很熟练，也有一些自己的心得，但我并不想把这门课的内容直接改编成音频节目。

我浏览过市面上大多数经济学科普著作以及有关的音频、视频节目，发现它们虽各有特色，但大同小异，主要都是基于曼昆的《经济学原理》中的经典范式。这套新古典经济学分析范式确实经典，从1948年萨缪尔森的《经济学》出版以来，一直延续到今天，经过半个多世纪的反复打磨，经历了千锤百炼。

每次我教这门课的时候，都会赞叹它的优美形式。在新古典经济学范式里，概念环环紧扣，分析层层深入，逻辑严密，结构工整，我们更是可以使用不同水平的数学工具对其加以描述和论证，从而形成初级、中级、高级等难度递进的经济学课程。所有经济系的学生都是从这个结构入门的，再从这个结构毕业，并将中间的一两个分支领域转变为自己的专业研究领域。

我当然没有能力挑战新古典经济学的经典范式。但是，在多年的授课过程中，我有一点体会：并不是所有人都适合学习这套经济学范式，也没有这个必要。尤其对于很多非专业人士而言，正是这套严谨的范式让他们望而生畏，使他们打消了学习经济学的念头。大家需要一种能触摸到经济学的更直观、更直接的互动方式。

事实上，普通人没有必要从一开始就全面接受这套范式。在开始学习经济学之前，每个人在生活中都已经或多或少接触过一些经济学命题，也有自己的思考和看法，不会是一张白纸，此时再被强行灌输一套分析系统是很难的。如果我不再强行要求读者无条件接受一整套体系，而是顺着读者关心的问题，通过分析探讨一点一滴地把经济学的研究方法展示给大家，那么效果可能会好很多。

很多人在一些具体问题上已经形成自己的判断，但有些判断大有问题，与主流经济学家的研究结论不一致。传统的经济学教学往往触及不到这些问题，只是引用一些与现实生活脱节的例子来证明其基本概念。我这次要面对的是非专业读者，所以我决心改变经济学的讲法，从问题出发，从对象出发，用更贴近读者的方式来讲述经济学。我要直截了当地告诉大家："看！这就是经济学。"

但是，这项工作一点都不比传统经济学教育轻松。大众在现实中遭遇到的问题，很可能是非常复杂的问题，需要特别高深、前沿的研究工具才能梳理清楚。这种讲述经济学知识的方式，相比依照经典教科书的照本宣科，其实对讲述者提出了更高的要求。

梁文道先生向我提出了一个大胆的设想，不妨就把音频节目的名称叫作"一平方公里内的经济学"。一平方公里可能是我们每个人平时最主要的生活区域，而这个区域里必然有餐厅、咖啡馆、菜市场、银行、便利店、服装店、大型商场等生活设施，这里就涉及各种经济现象和经济理论。如果我们能够把生活中所见所遇各种事情背后的经济规律阐释清楚，那么我们对经济学的思考便算入门了。

在经济学界，过去有一个非常活跃的学派叫作"新制度经济学"，其代表人物是诺贝尔经济学奖得主罗纳德·科斯，他就特别强调从日常生活入手，研究真实世界的案例。这个学派在20

世纪90年代传入中国，直到今天仍然很有影响力。

在过去的二三十年里，经济学的研究方法出现了巨大的转变。由于获取真实数据的技术有了突飞猛进的进步，基于数据的实证研究便成为经济学研究中的主流，大量实证研究涵盖了我们日常生活的各个方面。今天，我们无论关心什么问题，几乎都能找到相关的经济学实证研究。这些实证研究使得我们对世界的认识清晰了许多，也让我们有机会重新检验一些经典理论的适用性。经济学的面貌就在这个过程中焕然一新。

这就是我最希望向大家介绍的经济学入门知识。所以，“看理想”与我一拍即合，随后就有了音频节目《一平方公里内的经济学》。节目上线以后，我又收到很多热心听众以及同行的意见，经过一段时间的文稿打磨，也就有了目前的这本《看！这就是经济学》。

在本书里，我尝试从自己日常生活的地方出发，沿着自己最熟悉的道路，走过一家又一家的店铺。每看到一个场景（或事情），我就围绕它展开一番论述，介绍一些相关的经济学知识以及现实应用。本书总共涉及三十个特定场景，在整个漫步过程中，读者不知不觉就可以“看到”经济学、“触摸到”经济学，这也是我最希望带给读者的体验。

当然，在论述的时候，我尽量争取由表及里、由浅入深。本书开篇部分所涉及的内容，都是一些基础且特别重要的问题。而在最后阶段，我会尝试分析一些现实中的经济难题。所有难题自然都不会有什么标准答案，但通过分析，我们可以理解这些问题的困难所在。

一整天的漫步，遭遇三十个不同的现实场景，引申出一本书的探讨。这些探讨不可能涵盖经济学的所有领域，这也并不是本书的初衷。但是回过头看，本书仍然涉及了微观经济学、宏观经济学、劳动经济学、行为经济学、国际金融和贸易等经济学领域中的重要问题。这不是一本系统性的经济学教科书，但是我希望它能引导你兴奋、大胆、充满好奇地走入经济学的天地。

最后，我还想借机聊聊我所说的“一平方公里”。节目中所说的“一平方公里”确实存在，它就是我在上海日常生活的这个街区。这些年里，它被赋予了一个全新的名称，叫作田子坊。书中的所有场景，也都是我日常生活经历过的。在我写作的时候，这些场景就一个个地出现在眼前。当然，这里的生活日新月异，每天都有很多新店开张、旧店倒闭，新冠肺炎疫情更是全面地改变了这里的商业面貌。

书中的一些场景目前仍然存在，而另一些已永远消失。不过，这并不重要。我相信书里描绘的诸多场景，也会发生在每个人的身边。这个世界极大又极小，每个人透过再平凡不过的日常生活，都有机会看到经济活动的复杂一面。这就是《看！这就是经济学》的全部目的。

本书能够问世，首先我要特别感谢梁文道先生。没有他的邀约，就没有这档节目，也就不可能有这本书。他还特意做了一期音频节目《八分》，与我就这些经济学问题进行了讨论。我把谈话内容作为附录收于全书最后，供读者参考。其次，我要感谢陈世明编辑和中信出版社对本书的大力支持。在书稿完成后，王鹏翀博士帮我通读了全书，并提出很多宝贵意见。最后，我还要感谢“看理想”的众多朋友，包括夏夏、DY、小岑等。大家都为这档节目成形和图书出版付出了巨大的努力，并且始终给予我支持和鼓励。

第 1 章

出门：
经济学的思考方式

深夜的麦当劳，每个人背后都有故事

不知道大家怎么看待经济学，怎么看待经济学家？我们平时在电视、报刊中看到经济学家的发言时，总觉得他们高深莫测，将他们的话奉为圭臬，相信并且追随他们。

但问题是，经济学家的观点是否总正确可靠呢？要搞清楚这个问题，我们就需要回到源头，回到起点。

经济学家想要解释这个世界和改变这个世界，首先必须认识这个世界，而认识世界要先从搜集材料与数据开始。但是，材料与数据又是从哪里来的呢？我们不妨就从这个问题开始。

麦当劳里的“麦当劳难民”

离我的住处不远，有一家24小时营业的麦当劳。我每一次出门都会从它的门口路过。我曾经尝试在不同时间段走进这家麦当劳，总会看到一些熟悉的面孔，自然也会看到很多从未见过的面孔。毫无疑问，其中相当一部分人进来不仅是为了吃东西，或者说不是以吃东西为主。

例如，每天早上这里都是老年人的聚会场所。由于老年人的活动时间比较早，早上七八点的时候，绝大多数店家还没有开门，只有这里可以给老年人提供一个还算体面的聚会场所。到了下午，这里又会成为学生写作业的场所。现在政策规定中小学必须早早放学，此时家长普遍还没有下班，学生又需要一个讨论和写作业的场所，这时麦当劳就成为学生的最优选择。

除了这些身份比较直观的对象，还有一些人的背景比较难猜。例如，每天半夜，都会有一些人坐在麦当劳里不肯走，累了就趴在桌上睡个觉。以前，有的服务员还会想方设法赶他们走，后来看得多了，也就慢慢接受了他们的存在。这个现象在国内外的麦当劳都很普遍。国外有一些学者给他们起了一个名字，叫“麦当劳难民”。大多数“麦当劳难民”无家可归，或者有家难归。但他们背后各有什么故事，为何会陷入这种困境，身边又是否有亲人，我实在很难说。

我没有对他们做过系统访谈，但经济学家的工作是对整个社会的人类行为进行研究，所以我脑子里总会忍不住地猜想：这些“麦当劳难民”背后有什么样的故事呢？

说实话，要了解他们的故事绝不容易。常有朋友问我：经济学研究的前沿是什么？我会回答：前沿不一定需要高深的数学模型，不一定需要计算机来计算大数据，比如能系统地搞清楚这些“麦当劳难民”背后的故事，就是经济学研究的前沿。

从学术传统来看，世界上存在两种类型的经济学。一种是要解释这个世界，另一种是要改变这个世界。可无论哪一种经济学，其共同的前提都是要先准确地认识这个世界、描述这个世界。经济学家都承认，一切研究的基础都是数据。而数据又从何而来呢？归根结底，数据就是观察、实验或计算的结果。

有些学科的研究对象比较容易观察，比如生物学，我们用比较高级的观测工具就能观测到数据；而另一些学科的研究对象难以观察，比如心理学，大脑就是一个黑箱，至少在目前科技水平上还难以深入观测。而经济学介于两者之间，一部分行为可以观测（比如看到一个人购买股票），另一部分行为则难以观测（比如他为什么要买股票），所以利用一个人外在的行为表现来研究其难以观察的特征，一直是经济学研究的重要工作。

所以，当看到一个人深夜还坐在麦当劳不肯离去时，我们会对他的故事产生很多联想。这个人有可能无家可归，有可能在上海出差而不愿意住旅馆，有可能刚刚和男（女）朋友吵架而愤然出走，有可能要赶明天一早的飞机……社会有灰暗的一面，比如极度贫困、无家可归、孤苦无依等等，大家深知这些阴暗面的存在却难以察觉。而要了解这个社会，我们就需要走出家门，离开办公室，到真实的世界去观察和思考。

旧城与新城，穷人还是富人

有效的观察和思考，都需要持续训练。举例来说，过去上海的浦西远比浦东富裕，所以上海流传着一些说法，比如“宁要浦西一张床，不要浦东一间房”。但是最近二十多年，浦东经济迅速发展，浦东有些地区已成为著名的富人区。而在浦西一些传统市中心地区，由于居民逐步搬迁，社区老化，没能搬走的居民反倒大都处于比较低的收入水平。

现在很流行一种“旧城理论”。该理论认为，在一个现代都市里，有能力的中产阶级一般都会搬到郊区或者新城居住，而留在旧城里的人一般相对贫困。这种旧城理论在国内外很多城市的经验中都得到了印证。对上海而言，浦西就是旧城，而浦东以及周边的区县则更多是新城。我自己恰好就居住在这片旧城里。每次有新朋友听说我住在旧城的时候，他们就会感慨：“啊！那个地段好！你好有钱！你的房子超级贵吧？”而另一些朋友则同情地说：“你怎么还住在那种地方？你都跟什么人混在一起啊？为什么不换一个更好的社区呢？”

于是，我自己也不得不思考这个问题：我到底住在一个怎样的社区里呢？

数据的获取

我在住处的一平方公里内可以碰到各色人等。他们从事各行各业，说着各式方言，有的已在这里住了一辈子，有的才来这里不到一个月，他们必然过着截然不同的生活。他们是富人还是穷人呢？他们的收入水平是高于上海市民的平均收入，还是低于上海市民的平均收入呢？

这些都是难以回答的学术问题。对我这种生活在中国大城市里的经济学者而言，这个问题尤其困难。我曾经从政府网站上查过不少公开数据，但政府肯定没有我家周围一平方公里内的调查数据，因为获得调查数据实在太难了。现代社会的重要特点之一就是，人与人都是陌生人关系。门一关，谁也不知道隔壁邻居姓什么、叫什么。再加上现代社会流动性大，我周围的邻居早已把房子出租，房客都换了很多轮。数据即使准确，恐怕也得每天更新一轮。

退一步来讲，既然要搞清楚上海每一个社区当前居民的具体信息非常困难，那么我们能否运用抽样调查和统计学方法，大概地分析一下当下上海市民的平均收入是多少呢？在这个问题上，经济学家已经有比较丰富的经验。

获取数据的常用方法

常用的方法是随机抽样、入户调查。现在很多大学和研究机构都投入重金，搞了很多大项目，组织大学生和专业的调查员去各地做上门调查，然后汇总数据。这些调查往往要在全国范围内抽样（上山下海、城市农村），需要分析上万个样本，耗费的人力物力可想而知。

即便如此，在获取每个样本时，调查员都会遭遇巨大挑战。设想一下，你作为某名牌大学的学生，接受任务去某小区做上门调查。你遇到的第一步挑战可能是，绝大多数居民并不相信你，甚至都不愿意为你开门。依据调查规范，你并不能轻易放弃这个家庭。如果你用隔壁家庭来替代，你就会改变整个调查抽样的随机性。所以，你只能一次又一次地劝说，三顾茅庐，希望靠自己的热情打动对方，以赢得被调查对象的最终信任。

你总算完成了第一步的挑战。被调查对象信任你，给你开门，欢迎你做入户调查。而下一个挑战是，他们是否愿意为你提供真实信息呢？不同的调查项目虽然有不同的目标、侧重点，但总会涉及一些基本的个人信息，比如个人的婚姻状况、子女数量等。即使你一再强调，调查结果只用于学术研究，绝不用于商业目的，被调查对象仍免不了心存疑虑。而且，现代人的婚姻模式多种多样，一些情形恐怕会超出你的设想，被调查对象难以启齿。

即使当你完成第二步的挑战，被调查对象向你敞开心扉，并把家里的很多真实信息都告诉了你时，接下来也会来到最敏感的环节——被调查对象每个月的收入是多少呢？“收入”是一个复杂的概念，绝不仅是工资。除了工资，人们还有投资收入、灰色收入，可能有国内外的汇款转账，也可能有网络上陌生人的打赏。人们的收入来源千奇百怪，无所不有，被调查对象是否愿意把所有的真实信息都告诉你呢？

所以，当我们看到很多大型调查项目的最终数据时，脑海里就会浮现出众多调查员千辛万苦、层层闯关才搜集到数据的情形。虽然这些数据来之不易，但数据质量参差不齐，数据可靠性需打上一个问号。随后，我们使用各种统计方法对数据加以检验，经过一步步确认，最终才能用该数据来大致推断整个地区的人口特征。

为了更准确地认识和描述这个世界，经济学家已经进行了很多年的努力。他们早期的工作方法是汇编整理各种统计年鉴。但是，年鉴数据不齐全，而且往往只有一个地区或一个群体的模糊数据，并不精准。后来，随着技术的进步，地理信息系统

（GIS）被引入进来。经济学家尝试把不同群体的数据与他们的地理位置相匹配，从而加深对一个地区人口的认识。

再到后来，更多新方法被引入进来，网上信息搜集变成一种很流行的新方法。比如，一些经济学家推断，某个地区外来人群的收入水平可能与他们的房租水平高度相关。他们就在各个租房网站上把公开的租房价格数据下载下来，并加以分析。

其实，网上的信息也未必准确，总有很多虚报的数据。于是，一些经济学家就引入了实验方法，比如自己冒充租客，亲身体验，挨个调查某社区出租房的真实房租价格，以掌握一手数据。

结　语

总而言之，为了认识、了解和准确描述这个社会，经济学家几乎到了"不择手段"的程度，他们运用一切已知的和未知的新方法来采集有效数据。但是，我们必须承认，所有涉及数据的方法都只是估算方法，都只是对真实情形的一种推断，其精度各有不同。这些采集数据的方法存在一定的问题，并不是百分之百可靠。

既然目前的经济学离描述这个世界都还有一定的距离，那么它离解释这个世界和改变这个世界就更远了。这就是经济学研究中科学和不够科学的地方。

所以，今天的经济学家并不像很多人设想的那样，坐在宽敞的办公室里，看着电脑屏幕上不断滚动的证券信息。相反，很多人和我一样，一边散步，一边迷茫地看着麦当劳里的人。我们苦思冥想：如何才能进一步地了解周围人的生活，理解周围人的行为？

因此，在讨论经济问题之前，我们首先要明确一点：不要迷信任何经济学理论，更不要迷信任何经济学家的观点。在接受任何经济学观点之前，我们都要思考它所分析的问题是不是对真实世界的准确反映。

要学习真实世界的经济学，我们就必须走入真实世界。

安逸的房东，辛苦的租客

这些年来，我特别关心市场经济里的公平问题。因为很多人都觉得，经济学讲究唯利是图、不择手段，是一门缺乏道德的学科。但是，据我所知，很多经济学家特别关注社会公平问题，而且一直在尝试分析和解决社会公平问题。

公平是什么？公平绝不等于结果平等、收入相同。人和人是有差别的，由于人们身体强壮程度不同、学习能力不同、性格习性不同、选择的工作不同，所以最终的收入也不同。这个世界上没有两片相同的叶子。那么，对于每个人的付出而言，什么样的收入回报才是一个相对公平的回报呢？

嗯……这个问题太复杂，还是让我们边走边想吧！

闹市里的沿街商铺

我的家处于闹市，所以我每次出门，走不了几步就会进入一片商业旅游区。这里的老住户多半已经搬走，他们或是把房子卖掉，或是把房子出租。由于上海市区本就没什么景观可言，常见的商业手段就是把新房子包装成老房子，再在老房子里开新店，以吸引不明真相也不愿了解真相的游客。这里的消费可能更接近经济学家凡勃伦所说的“炫耀性消费”。也就是说，在这里，消费的符号意义要大于消费本身的内容。所以，这类生意受市场流行偏好的影响很大，很不稳定。

从竞争角度来看，这里的竞争堪称惨烈。每次经过这里，我都会看到有商铺贴出招租启事，也会看到有商铺正在装修。在我的印象里，这里新开的商铺绝大多数撑不到三个月，往往刚开业没几天就没了动静，过不了多久又贴出招租启事，以吸引新的店家进入。由于经营内容不同，新店每次装修基本会把之前的装修拆除，从而改造成全新的面貌。

听说每一代都会有很多年轻人希望经营一家自己的咖啡馆，或者自己的文艺书店。前些年，我在周边确实见过不少这样的咖啡馆或书店。其中有些小店很有创意和想法。可惜，它们存在的时间往往不长。我过几个月去，就再也找不到它们了。现在我都很难想起它们的名字。历史来不及记录，因为最彻底的市场经济就没有历史可言。经济学家熊彼特曾说："市场的变动必然基于创造性毁灭的力量。"在这个区域里，我对这种"毁灭性力量"有特别深的体会。

从不露面的房东

每天从这个区域走过，我几乎没怎么见过房东，倒是经常看到新来的老板在那里指挥工人进行布置。看着他们踌躇满志、信心十足的样子，我暗暗为他们捏一把汗。他们要在这个地方生存下去，并不容易。我算过一笔账，如果我在这里开一家奶茶店，每天都营业，每隔几分钟就能卖出一杯奶茶，并且只雇用一个工人，那么我必须干10个小时以上才可能保本，才能赚出每天应付的房租和工资，剩下的时间才是利润时间。这里的房租很高，而且每年都在涨，以致经营者承担的压力极大。

而那些从不露面的房东呢？听说他们都生活得很好，并且早已在别处买房。他们只需要收收房租，就能过得很好，没有任何风险和压力。而租客需要很努力地赚钱，才有可能弥补巨额的房租，还必须时刻担心自己的生意。

这样看来，房东和租客双方似乎处于不对等的地位。勤劳的人过得辛苦，慵懒的人却过得舒服，两者各自的收入水平是否公平？经济学工具能不能对此提供一些有益的思考呢？

公平还是不公平

“公平还是不公平”，类似的考问时常出现在我的心头。收入分配的公平问题，已经困扰经济学家数百年。公平一直是经济学家最关心的问题之一，很多人都讨论过，比如马克思、凯恩斯、阿玛蒂亚·森等等。但是，每个经济学家探讨公平的角度不同，甚至对“公平”这个概念的认识也不同，由此引发了大量学术公案。在我看来，这些讨论需要回到概念原点才可能讲清楚。

普通人往往对概念不够重视。不妨举个简单而又类似的例子。什么是健康？这个问题看似简单，但仔细想想很容易让人糊涂。有些人平时从来不生病，但突然生一场大病就倒下了，他们是否健康？有些人年轻时就病恹恹但一直活到90岁，他们是否健康？有些人肌肉发达但牙齿不好，他们是否健康？健康这个问题其实不容易回答，公平这个问题同样如此。

公平是一个具有深刻内涵的经济学和哲学问题。从逻辑上分析，所有到这里租房开店的老板都是主动且自愿的，没有人逼迫他们。他们认准这里的商机，看准这里的机会，也很清楚这里的房租挑战，但最终还是下决心在这里租一个店铺来检验自己的眼光。上海可供选择的店铺有不少，每个商圈都有，有些是沿街的铺面，另一些是商场里的铺面。创业者或者企业家选择这里，必然有一些独特的考虑，也经过认真的成本收益核算。既然这是经过精心盘算之后的主动决策行为，又何谈公平或不公平呢？

从房东的角度来看，房子位于上海市中心，新房的售价每平方米早已超过10万元，这里称得上寸土寸金。房东把这里的房子租出去，还要另外买房或者租房，若在附近租房，就要支付类似的房租。市中心房子的租金主要取决于它的位置，与房子本身的质量没多大关系。新的投资者进来，都会重新装修，他们看中的不是房子本身，而是区位。上海市中心的土地极为稀缺，稀缺导致高房租。房东在定价时也会找一些依据，依据不是他自己对房子的评估，而是这个地区的平均房租。所以，房东在定价过程中似乎也没做错什么。

事实上，租客也好，房东也好，都没有独自决定价格的能力。房租价格可以参照临近的商铺，但一铺一议，最终都是租客和房东两方面讨价还价协商的结果。租客不可能把房租压得太低，因为这片地区的商铺数量有限，更多潜在的租客在盯着每天的招租广告，都希望能在这里盘下一家店铺。同时，房东也不可能把房租抬得太高，因为身边同样有大量潜在竞争者（其他房东）。

做生意的人都知道“位置”，或者说“市口”，这往往是一家店铺能否成功的最核心要素。而每一间房子从市口角度来看都是独一无二的，所以它们的价格按理说也应该各有不同。而市口这种要素又很微妙，不同企业会用不同的方法来研究。

据说，100年前，几个广东商人在上海的南京路上开百货公司，为了选择市口，专门让几个伙计在不同位置坐一天，并随身带一大包黄豆。他们看到一个路人，就拿一颗黄豆放到另一个空袋子里。一天下来，谁袋子里的黄豆多，谁的位置就比较好。商人最终就用这种办法决定百货公司的选址。

所以，无论从租客的一面来看还是从房东的一面来看，两面都存在竞争，同时也都不存在反常的垄断。市场包含需求与供给两种力量，这两种力量共同把房租推到目前这个位置上。

从最终结果来看，租客与房东的收益显得不对等，因为租客承担了大多数的压力。租客既有可能获得偏低收入，也有可能获得偏高收入，而房东只可能获得固定的房租收入。再从租赁过程来看，双方都是自愿的，都只认钱不认人。所以，这种市场模式是公平的。他们的经营行为，除了让我这样的隔壁邻居觉得有一些嘈杂外，并没有对其他人造成不利的影响。所以，这个高额房租的结果就是比较公平的。更进一步说，如果我们为了一个平等的结果，强行用政府力量或者外在力量进行干预来改变房租价格，那么这种做法可能会扭曲公平以及资源的合理配置。

市场经济最大化了土地产生的价值

在过去几十年里，我走的这条弄堂是街道工厂。人们将弄堂里的一些空间作为厂房，来生产一些轻工业或者手工业产品。

市中心的土地用作生产车间在今天看起来很荒唐，但在过去却是合理的。这片早就被废弃的厂房被一些艺术家偶然发现了价值，并被改造成一个时尚景观。房子还是这些房子，但价值完全不同。从资源配置角度来看，街道工厂的产出价值远不如它们作为画廊或者艺术空间所产生的价值。而这个价值，就是由市场自发挖掘出来的。

所以，虽然这里有那么多店铺关门，有那么多的损失，但我仍然觉得这片土地在市场经济的运作下十分公平。在没有外力干预的背景下，租客想尽办法使这片土地产生更高的商业价值，这里就是市场经济的实验场。店铺不断关门、被毁灭，而创造性也正是从毁灭中诞生的。

没有人知道这片房子究竟能创造出多大的价值，因为这取决于你用什么样的眼光来看这片房子。比如，工厂主的看法和创意小店的看法就相去甚远。当然，绝大多数企业家的看法是错误的，或者他们一时正确，但很快又陷入错误。错误的结果就是，他们的店面从这片房子里消失了。

当然，永远都会有更多的企业家希望进入这个市场，希望通过这样的方法来检验自己的创新眼光。市场的公平特性就在于，给予正确决策的企业家积极回报，给予错误决策的企业家负面回报，并迫使他们离开这个市场。

“唯利是图”是市场的特点，也是它最大的优点。市场的竞争过程不看企业家的出身血统、阶级种姓和家族背景，只以盈利论英雄。只有富于创新精神的企业家才能做出真正正确的决策，而且这些决策还需要不断地经受市场的检验。市场运作冷酷无情，却也是最公平的一种资源分配机制，这就是经济学对“公平”的一种阐释。

结 语

每个人都想着怎样才能多赚一点钱。到最后，总是有人赚得多，有人赚得少。导致收入差异的原因不计其数，但只要收入是合法的，我们就不该有太多抱怨。市场竞争给了每个人同等的机会，而每个人利用这些机会的能力是不同的，这是导致收入存在差距的根本原因。

只要市场还在运作，每个人都有进入和退出的自由，那么无论当下的生活怎样，未来总是充满希望。

上班摸鱼该如何杜绝

我出门以后，穿过一条弄堂，弄堂口有一家星巴克。这家星巴克极为热闹，平时有无数人进进出出。最常见的情形是，一些身着正装的公司白领，打包一杯拿铁咖啡后就匆匆忙忙地离开。我忍不住想，为什么他们那么着急，步履匆匆？为什么他们不和那些悠闲喝咖啡的人一样，也坐下来安安静静地慢慢喝呢？

在电影《穿普拉达的女王》中，安妮·海瑟薇饰演的角色打包了几杯星巴克咖啡，然后匆匆赶路。在当下国内的白领阶层里，这种情景并不罕见。

如果一个外星人从高空俯视这个城市，那么他一定会惊讶地发现一种情形：每天清晨，大多数人从家中离开，从四面八方拥向上海这座城市的中心；到了傍晚，或者更晚一些，这些人又从市中心离开，回到家中。一周五天工作日，周而复始，似乎有一种神秘的力量促使大多数人保持这种运动轨迹。

这种力量就是经济力量。马克思就描述过这番情形。在他的描述中，工人的生活状态极为悲惨，他们每天在资本家的监督之下劳动，不得不付出大量劳动时间。

计时工资与计件工资

按传统说法，老板有两种方法给工人发工资，一种叫“计时工资”，另一种叫“计件工资”。老板总是选择对自己更有利、对工人最不利的方法来计算工资，而且常常同时推行这两种计算方法。

现在，我们有时觉得这两种名称显得很过时，甚至很愚蠢。因为现在的很多工作是创造性工作，我们可能需要花费好久才能完成一件事，而这件事又包含了很多创造性成分。

那么，我们现在的劳动评价是否超越了传统的“计时工资”和“计件工资”的概念呢？

我的回答是否定的。

KPI与“996”

最新的一种流行概念叫KPI（关键绩效指标）。KPI考核法是绩效评估的一种方法。由于当今员工所生产的产品，不再像以前工厂里的工人生产的是清晰可数的一件件产品，所以老板就为员工的各种不同劳动设定了一套评价体系，或者一套评价系数。不管员工的劳动是洽谈业务还是打印文件，都可以转换为KPI，这就是新时代的“计件工资”。

“计时工资”也并没有远离我们的生活。最近，很多媒体在讨论，中国大量IT（信息技术）企业默认施行“996”工作制，也就是早上9点到公司上班，晚上9点下班，一周工作6天。也许这些员工可以获得还不错的工资，但他们的劳动时间与19世纪很多欧洲工人的劳动时间没什么区别。

工人曾经为劳动时间进行过不懈的抗争，最后争取到了“8小时工作制”，超过一天8小时的劳动时间都要算作“加班”。但是，“加班”这个词拥有丰富的含义。哲学家维特根斯坦就说过：“我不知道什么叫下班，真正的哲学家从不下班。”他的意思是，自己只要清醒着，就在思考哲学问题，所以不存在上下班的问题。

也许哲学家是一种主动加班的职业，但更多职业的从业者不得不被动加班。现在很多工作都可以离开办公室远程完成：有些文员不得不在晚上写汇报用的PPT（演示文稿）；老师不得不在晚上批改学生作业；还有些员工被要求手机24小时开机，随时准备回应老板打来的电话……这些时间是否算劳动时间呢？这其实是很值得回味的。

虽然现在的劳动形式发生了很大变化，但老板根据“计时工资”和“计件工资”两种基本计算方法付给员工工资是永远不会变的。员工付出劳动，获得工资；老板获得绩效，发出工资。虽然员工与老板对绩效的看法并不见得一致，但双方在工资上达成了一致，这才有了雇佣关系。又因为员工和老板在绩效的看法上经常不一致，所以现在的老板必须认真思考管理方式，这就产生了一门学科，即管理学。

管理学是科学与艺术的结合体，又是理论与实践的结合体，非常微妙。撇开那些不可言传的东西，我们不妨来看看，今天的资本家是如何将KPI计算与管理手段相结合的。

公司管理学

管理学的前提之一是，老板和员工之间存在信息不对称。这种信息不对称在马克思时代就存在，未来也将永远存在。

对于在传统工厂里工作的人，其最重要的事情就是学习如何偷懒、磨洋工以及破坏机器。因为人不是机器，有独立意志。老板想尽办法安排工头殴打员工、鼓励员工互相监督；员工也想尽办法对付工头、团结一致地偷懒怠工。有工厂的地方，就有这种斗争关系。

现在，情况变得更复杂了。老板很忙，员工也忙，老板不可能一直监督员工的一言一行。老板或许可以要求员工每天早上几点到、晚上几点走，进门、出门要打卡，去厕所都要记录，但这种强硬规定工作时间的规则会引起员工比较强烈的反感，影响员工的积极性。尤其是现在的青年员工具有很强的自由意志，很多人在找工作的时候就表示，不想找一个朝九晚五的工作，甚至不想找一个必须坐班的工作。如果看到公司采用如此极端严格的“计时工资”的方法，他们恐怕也不会入职。

老板很清楚，如果他监督员工的一举一动、一言一行，他就永远无法得到员工内心的认同。比如，我们在淘宝上很容易买到硅胶做的手指模，就是为了对付指纹打卡的。同时，员工还有很多其他办法反制，比如遮挡工作时的电脑屏幕……老板想要彻底搞清楚员工到底是在努力工作还是在偷懒休息，抑或在公司电脑上逛淘宝，恐怕不是一件容易的事。

现在有一些企业希望通过技术手段加强监控来约束员工的行为。有一些技术手段是防御性的，比如在公司的网络上屏蔽掉淘宝、游戏网站等常用的休闲娱乐网站，增加员工在办公时偷懒的难度。而另一些技术则更积极，比如在每个员工电脑上装监控软件，老板可以监控员工的每一个动作；或者在办公室里装监控摄像头，老板可以随时看清每个员工的工作细节。随着技术的进步，包括人工智能技术的进步，监督员工的成本越来越低，监督效率越来越高。

然而，这种监督能否带来更高的KPI，从而帮助老板赚到更多的钱呢？这一点颇值得怀疑。老板必须清楚地意识到，他雇用的对象是人，而不是机器。所有管理学著作也都强调一点，即以人为本。人的生产能力与其心理、身体、精神状态、情绪好坏等等都有直接的联系。老板只有从人的发展角度来思考员工的工作状态，才能让他们比较有效地发挥出自己的生产能力，从而为自己带来更高水平的绩效。

惩罚还是激励

当代经济学认为，归纳起来，人只对两种力量产生反应，一种叫监督，另一种叫激励。所谓的“大棒与胡萝卜”策略就是对这两种模式的一种概括。我们之前讨论的让员工打卡、在员工电脑上装监视软件、在办公室里装摄像头……都是监督机制。

监督机制可能有效，也可能无效，尤其是在它严重影响员工情绪时，很可能起不到理想的效果。

同时，老板也非常清楚，惩罚机制或激励机制会对员工的情绪和行为造成很大的影响，而且影响的效果不同。严厉的惩罚机制也许可以避免员工偷懒，但是惩罚必定使人不快。员工的工作动机是免于处罚，因此员工的表现只会维持在最低水平，不会进一步提高。老板若希望进一步提高员工的表现，就只能不断提高惩罚水平，最终造成劳资双方的矛盾不断加剧。

激励机制则不然。激励机制就是老板根据员工的表现给予其额外的奖励。老板只要根据工作的性质、公司的实际情况，针对性地设计出激励机制，就能使得员工主动地、努力地去工作，甚至都不需要监督。激励会让员工感到愉快，甚至有可能使员工展现超出老板预期的努力水平。

几种激励机制与它们的效果

激励机制有很多种，我们经常听到股权激励、晋升激励、效率工资激励等，它们各有各的用处。

股权激励就是把公司的一部分股份分给员工，从而使得员工的身份从单纯的打工者转变为老板。员工意识到，在自己拥有一部分股权之后，个人的利益和整个公司的利益便绑在一起。这一招在初创公司里经常用到。初创公司把一部分股权分给员工，大家就会齐心协力地工作，毕竟只有公司实现融资上市的目标，自己的股权才能有效兑现。

我们再来看看晋升激励。现在很多公司都会清晰地公开员工可能的晋升路径，让员工明白自己只有做到什么程度才能晋升到什么级别，以及获得怎样水平的工资。员工只有对未来目标有一个清晰的规划，才能激励自己克服困难、努力工作。

还有一种激励叫作效率工资。效率工资的意思就是，老板为员工提供高于市场平均水平的工资，也希望员工能提供高于平均水平的努力程度。这种安排在现实中很常见，我们时常看到老板为某一个岗位提供明显过高的工资水平，而且持续如此，并不削减。

老板并非慈善家，这种做法有着很深刻的道理：第一，老板希望获得这个岗位员工的感激之心，从而使他能努力工作，并"投我以木桃，报之以琼瑶"；第二，老板希望员工能够在这个岗位上兢兢业业，并小心地处理手头工作。因为员工很清楚，过高的工资水平使得老板很容易从市场上找到一个人来替代自己，而自己却很难在市场上找到这么高薪的工作。

效率工资是一种绝妙的设计。老板用多一点的工资收买了员工的感激之心，从而获得更高的绩效水平。这也暗示我们，除了经济激励以外，其他的非经济激励、非物质激励也可能产生效果。

比如，很多企业都自称"有理想""有社会责任"，不厌其烦地向员工宣传公司的价值理念。这也是一种很有用的激励方式，因为员工作为个人，除了有用自己的劳动交换更高工资的动力之外，也会有一些个人理想或社会偏好。有些人希望这个社会更公平，有些人希望这个社会更环保，还有些人希望这个社会能更多照顾弱势群体，等等。如果企业的总体目标能与个人的理想相契合，这就有可能激发员工的极大热情，员工甚至会不顾工资水平的高低而卖命地工作。

不过，话也要说回来，各种激励手段都只在短期有效，长期来看，绝大多数激励手段都可能失效。其根本原因在于，人不是机器。

在不同的人生阶段，一个人会对自己的工作、人生进行重新评估，对经济收益、劳动时间、人生意义、人生理想的评估都在发生变化，年轻时有效的激励手段到了中年往往就失效了。因此，企业也是永远在研究到底要将怎样的激励手段与惩罚手段相结合，才能促使员工表现出高水平的绩效。

结 语

我看着那些拿着咖啡匆匆行走的白领，就忍不住想，驱使他们快速赶去上班的动力到底是什么，是惩罚机制，还是激励机制？这是一个有意思的问题。可能每个人行动的动力都不太一样，每个人内心都有一个目标，都在为了这个目标而行动。

如果老板能真正理解这一点，大家就会变得幸福很多，老板也能赚得更多。

喝一杯咖啡也与国际贸易有关

现在，生活越来越国际化，甚至我们走几步路就可以体验到国际化。我所住的区域在历史上曾是法国租界，之后作为上海的内城衰落了很多年，这几年却突然变得洋气起来。我在路上经常可以碰到各式各样的外国人。星巴克旁边的商场里就有一个巨大的国际超市，人们在里面可以买到澳洲的牛排、智利的红酒、比利时的巧克力、意大利的芝士、东南亚的调味料……

近期，中美国际贸易关系变得有些紧张。有些人认为，我们并非离不开国际贸易，吃不到外国的东西也没什么大不了的。在过去上千年里，中国人也吃不到这些东西，不还都活得好好的？

真的是这样吗？我们应该怎样看待国际贸易和国际化呢？我

一边走一边思考这个问题。

国际贸易

很多人说，上海是个洋气的城市。从今天的情况来看，“洋气”这个说法不太准确，“多元化”可能更准确。我们在这里可以购买到的商品既有来自发达国家的，也有来自发展中国家的。大家之所以喜欢印尼出产的椰浆、古巴出产的雪茄、巴西出产的咖啡豆，并不是羡慕这些国家的生活方式，只是单纯地喜欢这些产品，因为它们确实提高了我们的生活品质。

所以，我们不大会去深入思考商品贸易对原产国的好处。国际贸易总是同时提高贸易双方的福利水平，贸易双方各取所需、各有所得，这就是国际贸易千百年来得以存在的理由。

反过来说，今天我们的生活在全球层面高度相互依赖，彻底切断国际贸易而追求自给自足的生活基本上是不可能的。

产品的原产地往往距离我们万里之遥。这些产品不知经过多少人之手，层层转运，克服无数困难，最终才出现在我们家门口。放在50年前，甚至30年前，这种情况恐怕都难以想象。

铅笔的故事

经济学家伦纳德·里德写过一篇经典的小文章，叫作《铅笔的故事》，非常耐人寻味。他提到，一支木头铅笔，再平常不过，我们花几块钱就可以从便利店买到。可我们很少意识到，这支铅笔里面竟然包含了不计其数的国际贸易与国际合作。它所涉及的国际合作的复杂程度，已经远远超过了我们的认知能力。

首先，铅笔需要木材。木材从哪里来呢？美国是木材生产大国，而木材大多来自俄勒冈州。俄勒冈州在美国西北部，虽是林业中心，却不是工业中心。所以，这些生产铅笔所需要的木材需要运到大城市去加工。木材从砍伐到运输，再到加工切成小木棍，经过了一系列环节。这些环节背后涉及大量人力，比如伐木工人、装卸工人、卡车司机、工厂工人等。这些人背后是一家家工厂、一个个家庭。

其次，铅笔中没有铅，它之所以能写出字，主要是靠石墨。美国所使用的石墨大多来自斯里兰卡。斯里兰卡距离美国可是万里之遥，这些石墨不知经过多少周折才能被运到美国。为了提高铅笔写字的强度和顺滑性，笔芯里面还需要添加石蜡。石蜡主要产自墨西哥。虽然墨西哥距离美国稍微近一点，但石蜡也来得不容易。石墨和石蜡通过斯里兰卡工人、墨西哥工人和美国工人的共同努力，终于混合在了一起，嵌入由雪松切成的小木棍中。

最后，铅笔底端还有一个小橡皮头，并用一小块铜片包裹着。这个橡皮头背后也有很多故事。其橡胶原料都产自东南亚，同时还需要各种各样的硫化剂和催化剂，最终转变成我们需要的橡皮。而很多催化剂都产于欧洲，再被运到东南亚。美国进口橡胶，再将其加工成铅笔底端的小橡皮头。

故事说到这里，恐怕没有谁会对以下这种说法表示不服气：地球上没有一个人完整地知道铅笔生产的全部过程。

是的，没有人知道，因为它太复杂了。即使是铅笔这样微不足道的小东西，其背后也涉及海量的全球性贸易与合作。这种合作如此高效，以至我们从超市或文具店购买一支铅笔时，竟然只需要花几块钱。而当我们购买铅笔时，自己就已经参与到全球贸易中，尽管我们根本不了解它是怎么运作的。

为什么需要进口

小小铅笔如此，其他商品就更是如此了。几乎没有人能全面了解国际贸易的细节，它本身已极度复杂，而且还在不断地变化。大到一个国家，小到一个工厂，我们在日常生产、消费过程中都需要思考：应该进口哪些商品？这些商品到底是进口便宜还是自己生产便宜？

原材料稀缺

我们需要思考原材料问题。中国地域广大，农产品、矿产、能源都有广泛分布，跟日本这样的国家相比是占有很大优势的。不过，中国虽然地大物博，但也不是万能的。比如中国人热爱的红木，这类木材基本都产于热带地区（印度和东南亚），中国本土几乎没有红木。历史上，中国就曾大量进口东南亚的木材。到了今天，中国对红木的需求有增无减。但是，中国只能从国外进口，自己生产不了。

又比如各种产业都离不开的石油，这可是全球最重要的资源之一。中国经过多年努力勘探倒也发现了不少油田，比如东北的大庆油田、新疆的克拉玛依油田等。但中国油田的产油能力和产油品质一般，与中东地区根本没法比。然而，这么高品质的中东石油，即使加上各种税收、运输成本，往往也比国内石油价格便宜。你可能想象不到，目前中国对中东石油的依存度非常高，进口量已经达到70%。中国经济的快速发展，确实离不开进口石油的大力推动。

技术匮乏

除了原材料问题，商品的生产还需要技术。看看马路上停着的那些豪车，它们的很多零部件都可以国产，但总体而言，国产汽车与外国汽车相比，无论是设计水平还是动力装置的质量，抑或内部软件，都存在比较明显的差距。这就是生产技术的差距。技术不同于知识，有时候比知识还难学，因为技术往往体现在细节里。对于很多微小的技术，如果发明人不彻底解释清楚，那么其他人可能很久都研究不出来。很多时候，就是因为某些产品的技术保密、技术垄断，其他国家只能进口。

除了生产技术以外，商品的生产还需要管理技术。过去中国的管理水平比较低，企业内部结构不够规范，这就导致生产同样的产品，管理成本上去了，总体成本也上去了。如此一来，国内的生产成本拼不过外国，产品只好进口。

同种食品，不同风味

进一步来看，并不是一个国家只有缺少原材料或者生产技术的时候，才会进口商品。以食品为例，中国也算农业大国，可以生产各种农产品，但仍然会进口大量的食品。例如，中国人开辟葡萄园酿造葡萄酒有上百年历史，现在宁夏地区很多投资者都在投资葡萄园。中国的葡萄酒品质已经很高，但是可以完全替代法国葡萄酒吗？恐怕没有一个葡萄酒专家会同意这一点。

我们再来看看泰国的大米、西班牙的火腿、法国的生蚝、意大利的芝士，都是一样的道理。农产品受到天时地利的影响，一方水土养一方人。对于不同土地生长出来的农产品来说，口味就很不一样。所以，即使中国也产出高水平的农产品，甚至在质量上并不逊色，很多人也会由于口味原因而购买其他国家的产品。在中国的外国人就更是如此了。

不妨想一想：中国留学生每次出国要带多少家乡的调料和特产？设身处地考虑一下，你就能明白其中的道理了。

劳动力匮乏

除了上述因素以外，生产中还有一项关键性的因素，即劳动力。很多产业是所谓的“劳动密集型产业”，比如服装、玩具、精密的手工艺产品等，需要投入大量的劳动力。以服装为例，虽然现在纺纱、织布或者化纤原料的生产过程已经广泛实现自动化、半自动化，但衣服的剪裁、缝纫等很多环节还需要人工介入。如果我们非要用机器的话，那么成本比人工要高许多倍，得不偿失。因此，服装行业在目前阶段必然还属于劳动密集型产业。

现在很多发达国家人口生育率低，导致劳动力不足，而所有资源里最缺、最贵的就是劳动力。所以，这些国家的国民要想消费这些劳动密集型产品，就只能依靠进口了。

好在中国在过去这些年一直不缺劳动力，最适合发展劳动密集型产业。在过去的二三十年里，中国在很大程度上就是靠劳动密集型产业把经济拉动起来的。中国承包了世界上大多数国家民众需要的服装、玩具等的制造，全世界各处都能见到的“MADE IN CHINA”（中国制造），这就是中国在国际贸易中做出的巨大贡献。

资本匮乏

除了原材料、劳动力、科学技术以外，商品生产必然涉及资本。资本有一个特点，就是它没有标识，没有产地，甚至很难标识国界，不像我们一看到农产品就能搞清楚其来源。但资本从哪里来？我们在现实中往往搞不清楚。

资本是很重要的，很多产品的生产都需要大量资本投入，这类产品就是所谓的“资本密集型产品”。比如，电脑芯片产业就是一种典型的资本密集型产业，研发一块小小的芯片，需要巨大的投资和国际合作。中国的资本算不上充裕，所以在很多资本密集型产业方面，中国仍然需要进口或者国际合作。

结 语

如果只是生产一支铅笔，那么我们还有机会跳出前面说的框架实现完全国产化。但是，我们要想生产一些高科技产品或资本密集型的产品，恐怕还是离不开国际贸易与合作。按照经济学的生产理论，一切生产都需要资本、人力以及技术知识、管理知识等全方位的合作。

国际贸易绝不只是进口一些外国土特产，国际贸易也绝不仅仅体现在国际超市里。我们今天生活中所涉及的商品，不管是汽车还是手机，不管是咖啡还是可乐，背后都涉及超级复杂的国际贸易与合作。我们不可能回到封闭状态，这些国际贸易与合作关系也不可能轻易被切断，因为其背后是使世界经济强大的内在动力在维系。

贫富差距从何而来

在我生活的这个国际化社区里，什么人都有，什么车都有，什么店都有。同样是吃一顿饭，人们的消费习惯相差非常大，消费水平也相差非常大。那么问题来了，贫富差距是什么原因造成的呢？

这个问题虽然很难回答，但是经济学家一直在尝试做出回答。

贫富差距从何而来

我住的这个社区的前面有一家大型苹果手机店。现在苹果手机店的人气已远不如几年前，但最新款的产品还是可以吸引不少顾客进来看看的。很多媒体都对营业员做过调查，调查结果显示，苹果手机店的员工收入并不高，在上海甚至偏低。而且，苹果手机店的员工自己并不一定会用最新款的苹果手机，甚至都不用苹果手机。与苹果手机打交道是他们的工作，而不是他们的生活。

我们进一步思考一下苹果手机的生产过程。大家都已知道，苹果手机的组装，基本上都是委托富士康公司在中国国内完成的。从深圳到江苏，再到河南，富士康在中国有数十个厂区，雇用了数十万的工人，其中很多人都在为苹果手机做出贡献。但是，调查数据显示，中国工人从每一台苹果手机中获得的回报极低，甚至可以说微不足道。苹果手机的多数价值都被苹果公司拿走了。

我们是不是可以得出结论：不公平的价值分配和收入分配是导致中国巨大收入差距的主要原因。中国数十万工人每天在流水线上努力地劳动，凭什么只拿那么一点工资？

这个问题很值得思考，尤其是值得尚未进入劳动力市场且正在对未来就业方向进行规划的年轻人思考。我们确实看到：有些人的收入高，另一些人的收入低；有些行业的收入高，另一些行业的收入低。这种现象是由哪些机制决定的呢？我们如何才能成为高收入的那一小部分人群呢？

收入的决定因素

首先，收入往往与学历和教育背景有关。你受到的教育水平很高，或者受到同样的教育水平但你是著名大学毕业的，你获得较高收入的概率就会很大。这一点当然不是绝对的，北大、清华毕业生找不到工作的也大有人在，但至少在统计层面上，这一点是确信无疑的。努力学习，提高学历，总是有益于收入增长的。

其次，收入水平与个人能力的稀缺性有直接关系。我们都知道，个别影视明星或者体育明星的收入非常惊人。一线明星的收入并不是比二线明星多个10%或20%，而是要多几倍、几十倍，差距幅度呈指数增长。其背后的道理也很简单：影视明星的那张脸是独一无二的，他的一言一行、举手投足都是独一无二、不可替代的，要是换一个人，影视剧的价值会立刻大打折扣。相比之下，如果苹果手机店的营业员换个人，或者富士康的生产线上换个工人，那么有人关心吗？这就是差异所在。只要某个工作岗位无人可以替代，那么这个位置上的人就可以获得巨额的收入。个人能力的稀缺性差距越大，人们的收入差距就越大。

再次，收入水平与工作环境、工作地点、工作强度有着直接关系。很多人只看到了某些人拿高收入的一面，却没有深入观察他们的工作情况。现在有很多工作都能开出很高的工资，却不容易找到人，就是因为工作环境实在艰苦，例如在西北地区勘探矿产、在远洋运输行业工作、在青藏高原等高海拔地区工作等等。这些工作都极为艰苦，会影响家庭团聚，甚至有可能损害个人健康。这就是某些行业高收入的代价。

最后，收入水平与工作时间有关。比如投资银行、咨询公司或者会计师事务所等，都是每年大学毕业生梦寐以求的工作场所。但是，这些工作很辛苦，压力巨大。这些岗位上的人往往每天都要工作到半夜12点，甚至半夜两点，一周7天，天天如此。可一天只有24小时，工作时间就要占到15小时以上，一个人即使有数十万元的年薪，也没有时间去享受这种高收入。用不了很久，很多人的身体健康就会出现问题。这些都是非常实际的问题。

所以，老百姓常说的“钱多事少离家近”包含了深刻的洞见。“钱多”只是大家找工作时追求的目标之一，它只有匹配了“事少”“离家近”才有意义。很多收入高的人群没有家庭，没有生活，没有时间教育孩子或者根本就没有孩子。这在很多人看来并不值得羡慕。

为保证高收入而进行高支出

我们不能简单地评估一个人的收入，因为一个人的收入与他的支出直接相关。高收入人群与低收入人群的支出模式不一样。

高收入人群为了保证高收入，可能也不得不维持高支出的消费模式。

先说交通问题。很多低收入工作并没有严格的考勤制度，人们早点上班或晚点上班都没问题。所以，低收入人群相对来说有更多选择，甚至有可能避开上下班高峰。而对于高收入人群来说，他们的时间极为紧张和宝贵，他们必须采用最节省时间的办法通勤，支出自然也就上去了。

再看吃饭问题，这是每个人每天必须面对的问题。时间成本较低的人，在吃饭问题上有更多选择，如果自己买菜做饭的话，食物开销就会显著降低。而时间成本较高的人，在上海这样的大城市基本上不做饭。因为等到他们下班，菜市场都关门了，他们到哪里去买菜？而且，上班时间很紧张，他们哪里还有心思关心家里剩下哪些菜或者可以进行哪些搭配。对于今天北上广大多数年轻人甚至中年人而言，每天自己做饭都是一种极为奢侈的生活方式。

此外，在教育、医疗乃至休闲娱乐等方面，时间成本较高人群与较低人群的表现都有极大的差异。天天加班到半夜的人，不可能每天接送孩子上下学，也不可能送孩子去各种补习班。他们如何照顾孩子？大人天天吃外卖也就算了，孩子总不能也跟大人一样随便吃点外卖解决吧！如果没有老人帮忙的话，那么他们只剩下一条路，即花钱解决。他们只能花钱把孩子送去高级的私立学校，这样每天都有人照看孩子。或者，他们可以花钱请阿姨来家里做饭，这样孩子就可以吃上营养搭配的饭菜。这些都需要花钱，而且要花不少钱。确实，花钱可以解决很多问题，但也会带来很多问题。归根结底，这些问题还是个人追求事业、高收入水平引发的。

工资收入与资本收入

讨论完高收入群体也不容易的工作和生活之后，我们来思考一个最困难的问题：今天我们看到富人很富，穷人很穷，有的人勉强糊口，有的人坐拥十几套房产，这主要是因为富人的工资收入远远高于穷人吗？

目前，经济学家的研究并不支持这种观点。前些年，有一位法国经济学家皮凯蒂写了本很火的书，叫《21世纪资本论》。他是一位严肃的经济学家，用专业方法采集数据，研究了世界上大多数国家的贫富差距问题，得到了一个关键性的结论：世界上绝大多数国家的贫富差距都是资本收益率大于劳动收益率导致的。通俗地讲，富人之所以富，穷人之所以穷，主要并不是因为富人的劳动收入水平高，而是因为富人更善于投资金融资产。我们前面讨论了半天工资收入差异，但在资本收入差异面前，它可以说是无足轻重。

什么是金融资产呢？股票、债券、期货、基金、纸黄金、比特币、奢侈品，还有房地产，都可以归入金融资产的名目。如果我们在讨论贫富差距时忽略了这些东西，那就真的是捡了芝麻，丢了西瓜。

在马克思的时代，金融资本还不算发达，所以他没有花太多篇幅讨论这个问题。而今天，金融资产的发展速度超出任何人的想象与估计。今天的贫富差距，主要就是由金融资产造成的。金融资产的回报率极高，拥有越多金融资产的人就越富有，甚至越接近金融行业的人，其收入水平会越高。这就可以解释，为什么金融行业、房地产行业往往能开出较高的工资。

2000年左右，上海的房价普遍每平方米几千元，非常靠近市中心的地区也不过这个水平，略偏远的地方可能只需要每平方米一两千元。但到了今天，上海房价普遍在每平方米四五万元以上，市中心的房价更是超过了每平方米十万元。我们经常听到这样的故事：北上广一些城郊接合地区的普通人，因为房屋动迁一下子分到十几套房，一夜之间跻身暴富群体。而通过个人劳动，哪怕年入几十万元恐怕也买不了十几套房。这就是金融资产的惊人潜力。

但必须指出的是，金融资产本身具有较高的风险，越是高收益、高回报的资产，其风险越高。金融资产的定价会不断积累风险，从而出现泡沫，而一旦泡沫破灭，后果不堪设想。世界各国在金融历史上都有过惨痛的教训。前几年，P2P（个人对个人）理财曾经是中国的投资热点，几乎人人都参与，乐此不疲。不料到了2018年，P2P突然大规模违约，广大投资者损失惨重。这就是金融投资中必然隐藏的风险。

结　语

我们应当对收入进行更深入的思考。月收入并不只是一个数字，它背后还包含了个人为收入所付出的代价，也包含了个人为收入所采取的生活方式。单纯用这个数字的高低来评价劳动差异，进而探讨劳动中的歧视或者剥削，并不是一种科学的态度。而且，过度关注劳动收入差异，还有可能忽略资本收入差异。目前，资本收入的差异才是全世界贫富差异的最根本原因。

你确信手中的牛奶是真的牛奶吗

在讨论经济问题时，我们讲得最多的就是理性的算计、不择手段的牟利或者尔虞我诈，我们很少会想到信任、互助、互惠这些温暖的概念。难道经济学家也关注信任？是的，经济学家非常关注信任，也一直在研究信任。经济学家都明白这样一个道理：在缺乏信任的环境下，不可能有活跃的经济活动。信任是经济活动的基本前提之一。

劳动分工与信任

我所住的社区前面是一个地铁站。每次站在地铁的站台上，看着不断涌入的人流、呼啸而来的地铁，我都不禁联想到：地铁在这么短的时间内会把如此多的人运送到四面八方，而所有乘客对此毫不怀疑，坚信这趟列车能精准快速地到达某地。这件我们习以为常的事在100多年前的人们看来无疑是奇迹，而这种奇迹背后的关键是无数人的分工、协作以及相互信任。

比如：地铁运输需要电，我们却几乎不用考虑电力问题；地铁运输需要计算机规划指挥，我们也不用考虑规划问题；地铁运输需要每一个站点无数工作人员的配合，我们也不必考虑这个问题。我们对电力供应、规划指挥、目标站点的配合都完全信任，并且充满信心。这种分工、协作、信任就是现代社会和现代经济的基础。

与前人相比，当今我们的很多生活能力都有所下降。现在的年轻人不会做饭、不会缝补衣服已不再是什么新闻，很多年轻人甚至没怎么接触过活的家畜、家禽，也没见过粮食是怎么从地里长出来的。不过，这没有关系。一个人只要有一技之长，并专注自己的工作，就可以养活自己。因为劳动分工的存在，农业劳作、食物处理等问题会有专业公司、专业人员来打理，他们会把最终处理好的商品送到超市乃至我们的餐桌上。所以，虽然我们每个人直接处理日常生活问题的能力下降了，但社会的整体经济水平显著地提高了。

经济学之父亚当·斯密发现，劳动分工极大地提高了社会的效率。但这里有一个前提，那就是相互信任：当从超市买回牛奶的时候，你必须相信，这确实是牛奶；当从超市买回果汁时，你必须相信这确实是果汁。

这是一个很基本、朴素的要求，可是要建立这种信任十分不易。

对商品的信任

在尚未进入大规模劳动分工的时代，人们多半自己生产必需品，假货没那么多，造假技术也没那么发达。可自从社会发展出劳动分工后，只要你不是亲眼看着牛奶被挤出来，从运输、加工到被灌入纸盒，最终到你面前，它就存在造假的风险。

任何商品都能造假，面包可以造假，茶叶也可以造假，咖啡更可以造假。在食品工业高度发达的今天，化学家已经研究出各种添加剂，可以调制出各种口味、颜色的饮料，简直像变魔术一样。现在全世界都面临着这个问题。西方兴起各种追求“真实食物”“有机食物”的运动，其本质都是对食物产业中劳动分工环节的不信任。

更麻烦的是，大家担心食品造假中的健康问题，尤其是与儿童有关的健康问题。中国在数年前曾爆发过毒奶粉事件。一些不法商家为追求利益，在婴儿奶粉中添加有害物质，并引发很多婴儿出现病症。虽然这件事早就被处理了，但其影响是深远的。这件事的负面作用直到今天还没有消散，还将在未来的很多年里影响中国的奶粉产业，甚至影响中国人对本国食品工业的信心。我们应该听说过，每年都有大量中国父母去日本、澳大利亚抢购奶粉。中国人口基数很大，经常把这些地方超市里的奶粉一抢而空。

所以，一种产品或一家企业要在消费者心目中建立信任不是一件容易的事。

企业树立信誉的手段：品牌

我们最常见到的树立信誉的手段，就是建立商品的品牌。

以前，中国各地都有不少老字号的品牌，不管是餐饮还是服装、医药、日用品。但是，这些年来，随着市场竞争的加剧，这些老字号品牌由于各种原因逐渐退出市场，有的是因为经营不善，有的是因为整个产业被淘汰，有的是因为被兼并收购，等等。在这个过程中，当然也不断涌现出新的品牌，但新品牌运作的时间太短，很多时候还不能通过自身品牌来增强消费者的信心。而且，在这个信息时代，厂商常常操控品牌，直接用品牌来影响消费者的选择。很早就有经济学家指出：厂商有可能故意创造品牌，强行让消费者感受一些产品本身并不存在或并不显著的差异。

这种现象在快速消费品行业里就很常见。比如，我们在超市里可以看到很多种品牌的洗发水：有的品牌侧重中老年人市场，主打防脱发效果；有的品牌主要针对年轻人，突出运动、清爽之类的特征；还有一些品牌针对年轻女性，突出让头发柔顺、飘逸之类的特征。但是，这些品牌之间真的存在惨烈竞争吗？深入研究一下，你就会发现，世界上总共只有两个快速消费品牌的巨头，超市里所售卖的这些洗发水品牌几乎都属于这两大巨头。这些巨头会对市场进行深入调研，然后把手里的品牌朝着不同的方向去打造，尽可能涵盖各种细分市场。如此一来，我们每次走进超市，以为自己抱有很强的自由意志，会选择与众不同、适合自己的洗发水品牌，却不知我们所有的选择其实都在这两大巨头的精心盘算之中。

美国的一位左翼公共知识分子克莱因深入研究过这个问题，他极为愤怒，撰写了一本书，即《不要品牌》（*No Logo*）。他表达了一种激进的姿态，呼吁消费者“摆脱寡头厂商的控制，真正去消费自己需要的产品”。但如果真像他说的那样“不要品牌、严厉打击品牌”，那么这会导致严重的后果。因为没有“品牌”这个信号，没有能长期约束厂商的考量，消费者又如何信任这些产品呢？

有品牌很麻烦，可是没有品牌会更麻烦。

对货币的信任：以人民币、电子货币与比特币为例

货币是一种特殊的商品。比如，你在买东西的时候递给别人一张一百元的人民币，别人只要确保它不是假币就会毫不犹豫地收下。因为所有人都相信，这张真实的人民币到哪里买东西都会被人接受。人民币背后有中国人民银行的背书，这是国家信用的体现，足以让我们对它的价值抱有坚定不移的信心。

随着货币电子化的进程，货币出现了很多变化形式。比如，微信和支付宝都是大家常用的支付手段，但你是否会把很多钱以“零钱”的形式放在微信里？很多人对此有所顾忌：微信在多数时候都很好用，但在一些特殊情况下也有可能被盗、被封号、被限制登录等等。一旦出现这种情况，微信里的零钱怎么办？我们终究不能像信任纸币一样信任腾讯这样一家商业公司。

腾讯毕竟是一家大公司（有一定的信用背书），要是换成一些小公司，其信用就更可疑了。

现在很多企业都会发行充值卡，充值越多，折扣越大。充值卡也是一种电子货币，美发店、健身房发行充值卡几乎已经成为行业惯例。但是，我周围的朋友都不敢往里面充太多钱，因为我们经常听到美发店或健身房老板跑路的消息，导致所有的充值卡都血本无归。有朋友告诉我，越是在这些公司准备跑路的时候，它们就越有发充值卡的动力——临走之前再狠狠捞一票。大家看

多了这类案例，就不会对它们抱有太多信任了。

说到电子货币，我们自然不能不提比特币。比特币曾经极度火热，也曾经跌到谷底。从比特币诞生伊始，大家就在讨论：它有没有可能成为未来的主流货币？

从技术层面来看，它当然有这种潜力。比特币基于区块链技术，分布式地存在于整个网络上，没有哪个国家能对它进行控制。但是，货币之所以能成为货币的关键不在于它本身的价值，而在于人们对它的信任。比特币在变现的过程中，出现了一系列的问题。同时，比特币分布不均，掌握在少数人手里，这些人的运作可以让比特币的价格上蹿下跳。这些现象都会极大地影响人们对它的信任。缺乏普遍的信任，就算比特币再优秀，也不可能成为通用的货币。

对人的信任

说了那么多人对商品以及货币的信任问题，最后我们来看看最困难的问题：对人的信任。

人是活的，有主观意志，那我们怎么信任一个人？在商业上，我们很多时候都不可能做到一手交钱、一手交货。因为运输需要时间，销售需要时间，融资需要时间。在交易时间不一致的时候，交易双方就需要有一定的信任。

厂商通过时间可以建立起自己的品牌。同样，交易双方如果重复交易，注重未来长期合作，就有可能建立起信任。因为在这种场景下，背叛就意味着双方失去长期合作的机会，代价会比较高。

同样的道理，我们都知道旅游景区的小贩最不值得信任。因为他们深知游客只会来景区一次，交易都是一锤子买卖，双方没有任何长期合作的可能性。既然如此，背叛、欺诈的可能性就变得很大了。

信任是一种主观感受，并不会写在脸上。经济学家尝试用各种办法去了解和评估一个地区的信任程度，其中一种办法就是做社会调查。很多社会调查的问卷里都会有这样的问题："总体而言，您对于陌生人的信任程度大概是多少分（1～7分）？"但另一些经济学家认为，通过这种方法调查出来的信任水平并不够精确，他们希望用更直接的手段进行测量。

有一篇《科学》杂志上发表的论文，曾在学术界内外引起了巨大的反响。研究者故意在一些公共场所遗留下一些钱包，钱包里有一些钱、一把钥匙和一张名片，名片上有一个邮箱地址。研究者通过统计收到邮件的概率来判断这个地区的诚实度高低。实验的结果是，在全世界数十个国家里，中国的诚实度很低，处于倒数的位置。之后，很多中国经济学家又对这个研究结果展开讨论，提出了很多新的有待检验的假设。

结 语

不管怎样，这些方兴未艾的学术研究告诉我们：研究信任问题非常困难，但非常关键。为了评估人们对企业、货币或者陌生人的信任，经济学家已经费尽心思，但仍没有取得一致性的看法。

第 2 章

导航：经济学的分析方法

永远在排队的路边葱油饼摊

我住的这个社区在变得越来越国际化的同时，也出现了大量网红店铺，很多店铺的走红都很令人意外。比如，其中有一个摊贩是制作传统上海葱油饼的，在这里摆摊已经二十多年了。这个摊位毫不起眼，只有住在附近的人才知道。大家日常经过时会顺便买两个葱油饼来当早饭，觉得口味还不错，仅此而已。但后来很偶然，这个摊贩被几个美食记者发掘，他们在杂志上推荐了一下。再后来，BBC（英国广播公司）来上海拍美食节目，特地跑来拍摄了这个小摊。在BBC的片子播出后，这个小摊迅速变身网红。从此，几块钱一个的葱油饼就再也买不到了。

每天一大早，这里就会排起长队。更可怕的是，这些排队的基本都是“黄牛”，原本几块钱一个的葱油饼被炒成了几十块一个，导致城管部门不得不出动人手来维持秩序。那些住在附近且习惯把葱油饼当早饭的居民，再也没法通过正常渠道来买到这家店铺的葱油饼了。

由葱油饼店铺的意外走红想到的

为什么老板不多生产一些葱油饼呢？首先，老板对品质有坚持，所有葱油饼都要一个一个手工烘烤出来，当中有很多环节是不能自动化的。其次，一个烤炉的空间有限，半天的时间只能生产这么多，产量有限。最后，老板的体能也有限，每天只能坚持工作半天，只能生产一定数量的葱油饼。而希望购买葱油饼的人有很多，来自上海的各个角落，甚至有很多外地的、外国的游客专程来购买。老板认为，自己再怎么努力生产都不可能满足所有需要。

我们每天都会看到一种现象：有时候，我们有钱却买不到想买的东西；而有时候，一些商店准备了大量商品却等不来顾客。经济学如何看待这个问题呢？

这是一个经典问题。一百多年前，英国经济学家马歇尔提出了两个概念：“供给”与“需求”。人们结合这两个概念就能对市场进行有效的分析。这种分析方法广泛地传播开来，所有经济学家都在用，以至美国第一个诺贝尔经济学奖得主萨缪尔森开玩笑说："只要教会一只鹦鹉说'供给'与'需求'这两个词，它就能成为一个经济学家。"

通过控制供给，进行价格歧视

我们先来讨论一下供给。

以葱油饼店铺为例，老板每天生产的葱油饼数量就是他的供给。这个数量取决于很多因素，比如老板准备用多少面粉、多少葱油、多少炉灶、多少时间等等。按照所谓的"短板效应"，其中最薄弱的一个环节就可以决定他最多能生产多少葱油饼。比如，老板把准备的面粉用完了，他就不能生产更多葱油饼。再比如，老板把烤炉的空间用完了，他也不能生产更多葱油饼。老板表示，他一个人只能照顾一个烤炉，也不想收徒弟。于是，这些环节最终决定了他的供给数量。

这个葱油饼老板对自己的供给可能真的很无奈。但在当今市场上，有些企业会故意控制供给数量，通过这种手段来制造差异，并实行价格歧视。

大家时常遇到这种情况：大清早出门用打车软件，怎么都叫不到车。根据经验，这时候附近应该有很多车，自己要去的地方也不近，一定会有很多司机愿意接单。为什么就没有呢？原因很简单，打车软件根本没把你的订单发给司机，就让你在那里干等。打车软件知道你有这个需求，就等着你加价或者选择更高级的车，只要你多出一点钱，平台马上就给你派单。这就是“价格歧视”。

通过控制供给，刺激需求

另一些时候，企业希望通过控制供给来刺激需求。这是一种经典的营销手段。

不知大家是否听过，有个名词叫“饥饿营销”。比如，某手机公司准备推出一款新手机，该公司预估市场上的需求是一万台，那么它的第一批货会故意只出一千台，远远小于市场需求。如此一来，大多数人都买不到这个产品，就会口口相传这个商品如何紧俏，产品的需求就这样被炒作、刺激起来了。等到这时，厂商就可以进行第二轮的大规模发货了。

又比如一些网红奶茶店，门口总是会排很长的队，人们为了买一杯奶茶就要等一两个小时。为什么会这样？有人观察发现，这些奶茶店店员的动作特别慢，一个简单的动作都要磨蹭很久，最终硬是把做一杯奶茶的时间拉长到五分钟以上。外面的队排得再长，店员也绝不会提高自己的速度，他们这么做的目的就是，希望外面持续保持排队的状态，给其他行人制造一种店铺“人气旺”的印象，从而成为奶茶店的“活广告”。

当然，这种“饥饿营销”也不能玩得太过头：你一直通过控制供给让消费者“饥饿”，饿得太久，他们也许就转而投向其他品牌和厂商了。如果你不能满足消费者的供给，那么市场不是还有其他人吗？这家葱油饼店铺真的和其他商家有本质的不同吗？只要有人像你一样，愿意每天起早贪黑、累死累活地生产葱油饼，愿意整天站在热气逼人的烤炉面前工作，愿意去申请营业执照以及合法纳税，他就能生产葱油饼。葱油饼这个行业不存在太高的技术门槛，不需要巨大的投资，提供充足的供给是比较容易的，所以从理论上说，葱油饼这个行业的竞争应该极为激烈才是。

葱油饼的口味都差不多，也许有一点微妙差别，或者没有差别……这些都不重要，因为前来网红店铺排队的人看中的不仅是葱油饼，还包括它的品牌、符号。他们追求的并不是葱油饼本身，因为葱油饼随处都可以买到，有些价格还更便宜。但如果他们追求的是“网红”符号，其他地方的葱油饼就绝对无法替代了。

所以，通过观察葱油饼市场，我们需要认真思考一个问题：什么才是人们对这个葱油饼的真正需求？是“吃”的需求，还是“发朋友圈”的需求？

“葱油饼”背后的真正需求

所谓需求，是指在某种价格水平下，有多少顾客或者消费者希望购买这个产品。我们刚刚已经提到，普通的葱油饼和这家网红店的葱油饼，已经是两个完全不同的概念了，这就说明我们在研究“需求”问题时，要注意不同人对同一种商品的不同定义、定性。

举个例子，对于不怎么喝可乐的人来说，可口可乐和百事可乐没什么差别，都是“可乐”这种饮料而已。但对于习惯多年喝某一品牌的年轻人而言，它们从根本上说就是两种完全不同的饮料。又比如，现在大多数中国人还不太熟悉葡萄酒，只能分清红葡萄酒和白葡萄酒，但对于经常喝酒的人来说，葡萄的种类、产地甚至年份、酒庄等都十分讲究，不可混为一谈。所以，同样一瓶葡萄酒，放在超市里卖和放在专业卖酒的店里卖，意义完全不一样。对于超市里的葡萄酒来说，顾客可能只是想随便买一瓶回去，并不在乎其他细节。而在专业卖酒的店里，顾客可能就要分析、挑剔这瓶酒的各种细节了。这是两类完全不同的需求。

所有网红产品的老板都对自己顾客的需求想得很明白。比如这家网红葱油饼店的老板，他的定位就是做网红。那么，我们可以进一步分析，消费者对他的这种需求又是如何形成的呢？

首先，我们要把“黄牛”和消费者区分开来：“黄牛”只是为了赚钱，而消费者是为了消费。“黄牛”之所以存在，只是为了在供给和需求不平衡的背景之下调节市场。最终，葱油饼还是要卖给消费者。

其次，我们要区分“正常消费”和“炫耀性消费”：消费者从上海各地赶来，甚至还有从外地、外国赶来的，他们耗费的时间与精力和这个葱油饼的价值本身根本不匹配，所以这些消费者自然不只是为了“吃”（事实上，在BBC采访这家店铺之前，根本没人特地赶来吃这种葱油饼）。现在大家在买到葱油饼后，主要是为了炫耀，从而在别人面前显示自己特有的品位。

炫耀性消费

一百多年前，美国经济学家凡勃伦写过一本书，即《有闲阶级论》。在书中，他把这种消费称作“炫耀性消费”，即消费的目的在于让别人看到，从而增加自己的满足感。炫耀性消费的主要价值不是商品的使用价值，而是其炫耀价值。

因此，这种葱油饼的价值主要不是体现在葱油饼本身上，而是体现在葱油饼的包装袋上。这种葱油饼的包装袋和一个爱马仕的包相比，形式上的区别很大，但本质上是类似的，它们都是炫耀性的奢侈品。

价格机制失灵了吗

在一个正常的市场中，没有老板会把一个普通的葱油饼定价为一百元，因为这样不可能有人来买；也没有老板会把葱油饼定价为一角钱，因为这显然太便宜，别人都会来占便宜。所以，最终它的价格会停留在一个适度的位置上，也许是三元钱，也许是五元钱。如果顾客嫌贵不买，老板就只能调低一点价格；反之，老板会涨价。总而言之，价格机制会保证市场上的供给最终等于需求。这是经济学最核心的定律。

但是，一定有人会质疑：我们平时经常看到供给与需求不相等、不匹配的情形，比如葱油饼店铺或者奶茶店门口排队的长龙，不都表明市场需求远远大于供给吗？这是否说明最基本的供需定理在这些领域失灵了呢？我们可以尝试着从不同角度来解释这些现象。

比如，我们会发现这些网红店普遍不会定价太高，也没有采用涨价的方法来降低需求。我们可以大胆地猜想：如果这些网红店的定价提高30%，甚至提高50%，恐怕门口排队的人一下就会少很多。而对于这些网红店来说，保持门口排队的情形可能比短期内赚更多的钱更重要。又比如，我们发现，这些网红店所针对的需求是一种求新、求异的符号性需求，而不是日常性需求。新颖的东西一开始并没有竞争对手，但时间一久，竞争对手就会纷纷冒出来，网红的新鲜度就会大打折扣，所以这些网红店的生命周期一般都很短。

网红店的老板很清楚这个道理：一家网红店如果褪去“网红”的身份，就什么都不是了。所以，一旦网红店变得不那么火了，老板就会果断关店，然后尝试着重新开一家网红店，周而复始。只有用这种办法，他才能避开残酷的市场竞争规律，才能赚到额外的钱。这种不断求新、求变的努力也是很辛苦的。

结　语

供给与需求是最基础、最好用的经济学概念，无处不在。但是，我们要真正在现实生活中把握这两个概念，却绝非易事。哪怕是路边小摊都在精心揣摩消费者的需求，定义需求，创造需求，再满足需求。这些操纵需求的手段，成了现代经济中最为核心的创新能力。

作为消费者，我们既是幸运的，又是不幸的。幸运在于，我们可以接触那么多前所未有的新体验；不幸在于，我们完全陷于商家的控制之中而不自知。我们的个人偏好伴随着这个时代共同演变，永不停歇。

“买”“卖”并没有那么简单

每当走在路上，我总会看到行色匆匆的外卖员或快递员。他们走得那么快，甚至时常不惜违反交通规则。他们的收益与每天送件的数量有关，与他们能否准时把外卖或快递件送到客户手里有关。我听说有些外卖公司对送达时间的要求非常苛刻，迟到一分钟都会对外卖员进行处罚。

2021年中国快递业务量半年破500亿件，很多年轻人每天都有包裹，可谓一天都离不开快递。

每一件快递，每一个包裹，都是相距遥远的需求方和供给方的一次匹配，即一次成功的商品交易。我们在路上随处可见的外卖员或快递员，就是市场有效和成功的一种证明。而对于互联网来说，能够促成大量的交易是很不容易的。

当然，在非饭点的时候，我们也会经常看到一些外卖员坐在路边发呆或百无聊赖地刷着手机，这时候他们手里是没有订单的。这又说明很多交易是有时间性、周期性的。比如外卖，商家在非饭点没有什么生意，等到饭点的时候，又因生意多到忙不过来。交易行为就是这么复杂。

我们不妨想一想，撮合交易（促成需求和供给的汇合）这件事情简直太不容易了，很多交易会遇到各种阻碍、限制，比如时间限制、空间限制、商品自身限制、运输限制等等。以前，北方的冬天很少有新鲜蔬菜，主要就是因为运输限制：保质期短，运输时间长，南方蔬菜可能还没运到北方就坏了。所以，以前冬天的北方居民不是没有对蔬菜的需求，南方市场也不是没有供给，只是需求和供给很难匹配，所以最终没有交易行为发生。

我们可以思考一下，为什么现在中国的外国货要比过去多很多？经济学的解释是，以前大家也有买外国货的需求，但这一需求的满足太不容易了。即便我们把语言不通、运输困难这些因素都放到一边，进口商品还得面临当时各种法律法规的限制，而这些都对实现交易构成了障碍。

高昂的“交易费用”

阻碍交易的这些因素构成了很高的费用，经济学将其称为“交易费用”。交易费用有时候看得见，有时候看不见。前面说的交通运输成本就是看得见的成本，而进口商品时面临的法律法规障碍是看不见的成本。我们都知道，有时候人们为了做成合法生意，甚至得给有关单位送一些好处，求人家高抬贵手，这也是交易费用。

交易费用往往是很高的，而且经常比交易商品本身的价值还要高。有时候，一些商品没法进入交易活动，并不是因为它本身的价格太高，而是因为它所涉及的交易费用太高。举一个很直观的例子：澳大利亚是一个超级大岛，其内陆沙漠有非常丰富的铁矿石，但是澳大利亚政府从没想过出售这些铁矿石。为什么呢？澳大利亚政府当然明白这些铁矿石很有价值，但问题在于澳大利亚缺乏把铁矿石从内陆运到港口的技术。有人说，澳大利亚可以修铁路。但澳大利亚是一个人口（劳动力）极为稀缺的国家，仅仅一条从悉尼到墨尔本的高铁，修了很多年都没修好，所以想修一条通往内陆沙漠地区的铁路就更是幻想了。考虑到高额的交易费用，澳大利亚政府最终放弃了这些铁矿石。

理解了交易费用的概念，我们自然会得出一个结论：任何有助于大幅度降低交易费用的手段，都有可能极大地促进交易。

事实也的确如此。互联网就是这样一种革命性的技术，它把相隔万里的需求和供给瞬间撮合在了一起，而由无数快递员构成的物流系统则进一步保证了这些交易的实现。现在，我们已经很习惯随时随地在网上下单，然后等快递员上门送货。快递公司只收十几元钱就把两地之间的交易费用给抹平了。

这就是当今互联网、大数据对我们的帮助：起到了信息中介的作用，不断地撮合交易，帮助需求和供给实现配对。

我们不妨以打车软件为例。过去，我们只能在路上等出租车，可能怎么等都等不来，而一些出租车可能一直在街上巡游，就是找不到乘客。但是，打车软件把乘客的需求和司机的供给一撮合，这个问题就解决了。

中介公司的伎俩

打车软件的确降低了交易费用，但这是否就是打车软件的最终目的呢？

对于这个问题，我们需要打一个问号。因为打车软件的背后也是正常的企业，而对于一个企业来说，其目标一定是利润最大化。所以，降低交易费用只是企业吸引顾客的手段，不是它最终的目标。

对于打车软件而言，交易费用并非越低越好，所以打车软件就会在算法里加入一些“小技巧”。比如我们前面讲的：企业明明可以撮合需求和供给，但就是不这样做。企业故意为乘客打车制造一些困难，故意不把乘客的单子发给可以接单的司机。只有感受到了打车的艰难，乘客才愿意花更多的钱来解决这些困难。如此一来，打车软件就能从中获得更高的收益。当然，打车软件也会进行评估，不能让交易费用过高，因为乘客如果总打不到车，以后就不会再用这个软件，而打车软件公司也将得不偿失。

总之，巧妙地玩弄交易费用是中介公司最主要的赢利手段。

另一些高级伎俩

以上只是一些比较直接的伎俩，还有很多互联网公司在用更复杂、更高级的方法影响交易。它们已不再满足于完成信息中介的工作，而希望进一步影响需求，或者影响供给。

我们会发现，现在各种网站都变得越来越“聪明”，越来越“懂我们”：它们每天都会推送符合我们口味的信息。比如，有时候我在网上随手搜索一个遥远的地名，便宜机票、当地酒店优惠券什么的很快就发到了我的手机上。不管这些网站是用什么方法获得这些信息的，它们想做的就是希望直接影响我的消费决策。它们在告诉我：“别多想了！你就是需要这个！”

而另一些时候，我们在正常使用一些社交网站时会关注一些网红、大V。接下来，不管是主动搜索还是被动推送，我们总能看到这些网红、大V的文章，其中包含各种高水平的软广告。久而久之，我们的思考方式、个人品位都会受到影响，都会被这些意见领袖以及他们背后的商业团队带着走。这是高水平的经济模式。

传统的经济模式是，一个人有一种需求，然后中介公司帮他找到供给，并且克服困难帮他撮合，最终满足他的需求。可现在的经济模式是，中介公司通过暗中操纵来直接告诉他“这就是你的需求”或者“我能满足你的需求”。这种信息中介比以前的中介要有效率很多，也可怕很多，对不对？

所以，匹配终究不是那么容易的，有些交易费用并不应该完全消失。比如，个人的独立思考和判断也是交易费用的一部分，不应该完全让渡给信息中介。

对匹配机制的反思与研究

还有一些场景十分重要，重要到不能通过中介来降低交易费用，但同样需要匹配供给与需求，而这种场景的交易是非常值得我们反思的。

比如肾脏等人体器官的供需匹配，很多人因为各种身体问题需要做肾脏移植手术，这是一项很昂贵的手术。不过，昂贵还在其次，关键在于你是否足够幸运，能否找到适合移植的肾脏。

如果我们把肾脏的交易也视作一个市场，那么这个市场的需求远远大于供给。至少在目前的中国，肾脏移植的肾源除了亲人捐赠以外，主要就靠遗体捐赠。遗体捐赠的肾脏数量很有限，而需要做肾脏移植手术的人的数量非常大，两者不成比例。

那么，如何来分配这项极为宝贵的资源呢？真的很难。这里涉及一系列伦理学难题。首先，肾脏移植不应该按照市场规则来进行。如果完全按照市场规则来，那就是以拍卖的形式，价高者得。但由于肾脏移植涉及人的生存机会，如果采用拍卖的方式，那么它一定会是天价。这样一来，超级富豪以外的病人的生存机会就被剥夺了，这在伦理上是说不过去的。其次，肾脏移植不应该通过排队机制来分配。现在需要肾脏移植的人很多，如果完全根据排队来分配，那么新患病的人恐怕永远都没机会获得肾脏移植，这在伦理上也不对。

理论上，还有一些其他的办法。比如，美国的诺贝尔经济学奖得主罗斯一直在研究配对机制：他尝试撮合病人家属之间相互帮助，相互捐献肾脏。由于涉及血型以及无数医疗细节，肾脏移植的问题很少有两个家庭互助就可以解决，往往需要牵扯进来十几个乃至几十个家庭：每个家庭都出力，都捐赠肾脏，也都获得别人捐赠的肾脏。最终，所有的病人都能从这个复杂的匹配过程中获得救命的肾脏。

这种设计非常巧妙，在现实中也曾获得印证。可惜的是，在目前中国的法律法规下，这种做法不被允许和接受。

肾脏移植的问题过于沉重，我们来换一个轻松一点但同样充满争议的问题，即高中生填报大学志愿。

学生都希望进入最理想的大学，大学也希望招到最好的学生，问题就在于两者如何匹配。高考成绩当然是最重要的指标，可它并不是唯一的指标。比如，2020年，上海的一个考生考出了足以去北大、清华的分数，最终却没有选择北大、清华，而是去了哈尔滨工业大学。他的理由很简单：他热爱航天业，只想读航天专业，而北大、清华并没有完全针对航天的专业，所以他选择了哈尔滨工业大学。因此，在考生和学校的匹配过程中，高考成绩和个人偏好会起到重要的作用。

但是，如何在填报志愿和录取阶段充分考虑考生的偏好和成绩，尽可能地使得考生和大学双方都满意呢？做到这点依然很难。中国各地填报志愿的规则有细微差别，不同的大学有不同的录取规则，这使得每年都有很多考生拼命钻研最优填报策略，而最终也有很多考生并没有合情合理地被理想大学录取。在这个过程中，有许多由失败的匹配导致的悲剧，相信你或多或少也听说过。

经济学家对这个问题进行过深入研究，提出了很多匹配的新方法，这些新方法在美国和世界很多地方都得到了验证。不过，受限于国情，这些方法暂时没办法在中国大规模推广。

结 语

本小节的例子都证明了一点：匹配从来都不是容易的。不管是交易费用高昂还是信息中介阻挠，抑或其他无法改变的外部环境，都有可能导致匹配和交易的失败。

再低头看一看手中的外卖或包裹，你会不会开始用一种全新的视角来看它们了呢？每个成功送达的外卖或包裹，都是一次成功的交易。

是什么让快消品牌迅速崛起

在前面不远处，我看到一家巨大的服装店——优衣库。优衣库是现在全世界数量最多的服装连锁店，随处可见（据说它已经成功地帮助它的老板登上了日本首富的宝座）。毫无疑问，这是一家非常成功的服装公司。

服装并不是一个门槛很高的产业，中国有不计其数的服装厂，为什么优衣库却能获得如此巨大的成功呢？

经济学有一种最常用、最基本的分析方法，叫作“成本-收益分析法”。任何企业的利润都是收益减去成本，所以如果一个企业希望增加利润，那么它只有两种办法：要么从增加收益入手，要么从降低成本入手。

我们不妨先想一下优衣库的优势在哪里。很多人会说，优衣库是性价比非常高的服装品牌，其服装质量有保证，售价也不贵。既然单件衣服收益不高，那么平均收益也不会高，所以我们应该更多地从成本入手来加以分析。

事实上，优衣库的成功秘诀也确实体现在其成本控制上。优衣库有完善的机制，可以将顾客与供应商紧密联系，并尽可能减少中间商环节，从而最终有效地实现成本控制和质量控制。这种能力在快速消费的服装品牌中是非常突出的。

现在我们就顺着优衣库的成功经验，继续聊聊成本问题。

什么是“成本”

对于“成本”这个概念，大家可能觉得已经是老生常谈了。但究竟什么是成本呢？仔细想想，这个问题并不容易回答。

如果你学过会计或从事过会计工作，那么你一定知道，成本是会计核算中的终极难题，最难测算。不过，经济学里讨论的“成本”有时跟会计学里的成本不同，因为经济学关注机会成本，而会计学只关注实际发生的成本，并不关注潜在的隐性成本。

机会成本

所谓“机会成本”，就是为了从事某项工作而放弃另一项工作的成本。举个例子，一个人在深圳龙华人才市场找工作，工资日结，打工一天可以收入200元。但是，他想请一个女生看电影，两张电影票一共100元。那么，问题来了：为了看这场电影，这个人付出的成本是多少？

对于这个问题：会计师会回答，他付出的就是100元的电影票钱；而经济学家却认为，他付出的成本是300元，因为还要算上机会成本——他为了看这场电影，损失了赚200元的打工机会。

又比如，我家周围的小店很少能坚持营业半年，往往几个月就关门了，老板们经常抱怨这个地区的房租实在太贵。倒是有一两家饮食店坚持了下来，常年屹立不倒。我一问老板才知道，这个店铺就是老板自己的房子，老板不用付房租。老板谦虚地表示，要是算上房租，他自己也会亏本。

老板的这笔账算得对不对呢？从会计学上看，不对（因为老板赚到钱了，并没有亏本）；从经济学上看，对（因为这个店铺是老板自己的房子，他如果不开店而把店铺出租，那么每个月会有好几万元的收入）。但是，现在他自己开店，店铺就没法出租，几万元的机会成本就损失掉了。

我们通过这几个例子可以看到，是否计算机会成本，结果真的很不一样。

“成本”不只包括金钱成本

经济学认为，一个人做出任何行为选择的背后都有成本——机会成本。一个人如果只顾目标而不顾成本，那么他做出的选择往往是很愚蠢的。比如某一年高考刚结束，我看到一则新闻：一个考生考上了清华，听上去非常了不起，但他为了考上清华整整复读了10年，耗费了10年的宝贵时光。“考上清华”是他的收益，20～30岁的10年时光是他的成本。对于这个考生来说，收益是否真的大于成本？相信每个人心中都会有自己的判断。

个人的行为决策都会涉及成本，而这里的“成本”不仅包括真实的金钱成本，还包括虚拟的心理成本。再举个例子，大多数人都有信用卡，信用卡都有一段时间的免息期，也就是说你消费的这笔钱在免息期内是没有成本的。你花1万元买一个商品，可以在50天以后还款。在这50天里，如果你把这笔钱投资在别处，那么你怎么都会有一点回报吧！即使你把钱放到余额宝里，假设年利率为2.2%，1万元存50天也能赚30元。

既然信用卡这么好用，那为什么还有人不喜欢用信用卡呢？理由也很简单：因为使用信用卡的话，你不仅要计算金钱的成本收益，还要经常想着它，想着自己的资金分配。你既不能错过还款日期，又不能超前消费。在还款时，一旦我们错过免息期，这笔资金的成本就会直线上升，一般的投资收益远远跟不上利息。此外，控制自己的消费欲望更困难，有太多人经常把信用卡刷爆了。想要真正科学地使用信用卡，你可能需要投入大量的精力，所以心理上的成本会比账面上的成本高出许多。很多人自知做不到这一点，宁愿选择不用信用卡。

个人评估自己行为选择背后的成本非常困难，对于一个企业来说，要计算成本就更加困难了。

固定成本与可变成本

企业一定要计算总成本。总成本包括两个组成部分：固定成本和可变成本。所谓固定成本，就是一次性大量投入，投入后就很难更改，且需要在未来很长时间的生产、销售过程中逐渐收回来的成本。对一个制造型企业来说，厂房和机器就是固定成本。不管未来计划生产多少产品，你都需要先投资厂房和机器，这些成本一旦投入就很难更改了。

总成本的另一个重要组成部分叫可变成本。比如生产所需要的原材料，生产中所耗费的水、电、煤，以及生产中雇用员工的工资，都属于可变成本。为什么这些叫可变成本呢？因为这些要素的投入方式相对灵活。老板如果希望多生产一些产品，就需要多准备一些原材料，多雇用几个工人；老板如果希望减少产量，就可以减少原材料的进货，解雇几个工人。少进一点原材料或者解雇几个工人，比起建造厂房、订购大型机器这些事要灵活得多，因此我们就把原材料和工人工资算作可变成本。

当然，固定成本和可变成本这两个概念是相对的。一般来说，我们觉得订购机器、转手卖出机器都很费时间，因此会将其归入固定成本。但是，如果我们有足够的时间，机器不见得卖不掉，这时候机器就应该算作可变成本。比如，你可能会觉得雇用工人、解雇工人是件比较容易的事，但是如果要雇用的是高级人才，你就没那么容易了（更何况解雇了他，你可能很难再找到别人来替代他的工作）。在这种情况下，你要把这些雇员的工资计入固定成本还是可变成本呢？这就变成一件需要思考的事情了。

平均成本与边际成本

在理解了上面几个概念后，我们再讨论两个概念：平均成本和边际成本。平均成本可以从字面上理解，如果一个企业要生产一万台手机，那么老板把原料配件、工人工资以及生产过程中消费的水、电、煤，加上在这段时间分摊的厂房和机器设备投资，再除以一万，就得到了每台手机的平均成本。边际成本是额外再多生产一件产品的成本。比如，企业原本计划生产一万台手机，现在临时改变计划，要生产一万零一台，那么企业为了多生产这一台手机所耗费的成本叫作边际成本。

根据经验，我们可以知道：企业只要生产的产品数量增多，就能把平均成本摊薄。因为生产一台手机是很困难的：企业除了采购机械设备，还需要设计模型、调适设备、认真检验产品质量；另外，工人操作不熟练，效率低下。但是，如果生产一万台手机，所有环节都可以进入流程，工人操作也都很熟练了，那么此时不管是平均成本还是边际成本，都会被摊薄。

但是，平均成本和边际成本也不可能无限降低。生产手机所用的原材料和配件等成本摆在那里，哪怕客户可以大规模采购（可以谈价、打折），但无论如何，原材料成本都不可能是零。另外，上班的人都知道，当一家企业的规模不断扩大，并且扩大到一定程度的时候，它的管理成本会显著上升。我们在前文讨论过公司激励和监督问题，当企业还是初创企业的时候，企业只有三五个人，所有人都面对面坐，如果谁不努力工作，那么大家都看得清楚。但如果企业规模扩大到三五百人，这时管理就变得很麻烦了，老板不可能认识所有员工，也没有精力盯着所有员工。这时候，企业就必须招一些人员专门负责管理，或者在门口装个打卡设备，抑或在办公室装些摄像头……这些成本都要摊到平均成本或边际成本中。

所以，经济学里有一条非常重要的原理：平均成本和边际成本都会随着企业规模的扩大呈现出一种先降低后上升的U形曲线。

这条原理在形式上很优美，但我们要深入理解它却不容易。因为我们在真实世界里接触具体商品时不一定会按照这样的逻辑来考虑它的成本，所以我们不能理解某个商品的定价。有时候，我们会忽略商品的固定成本；而另一些时候，我们会忽略商品的可变成本。

真实世界计算成本的方式

我们来举一个忽略固定成本的例子。有些人会抱怨星巴克的咖啡太贵，做一杯咖啡所用的咖啡豆和牛奶总共没有几元钱，而星巴克却要卖我们二三十元。这种算法就是忽略了诸如房租、装修等固定成本。星巴克成功的一个重要原因就是，它尤为擅长谈房租，它可以凭借其议价能力把房租压到很低。而其他咖啡馆没有这么强的谈判能力，其经营成本相比星巴克自然就不占优势。

对于人们会忽略可变成本的情况，我们以玉石雕件这类产品为例。中国人对玉石的迷恋已有上千年的历史，大家都喜欢新疆的和田玉、缅甸的翡翠。现在经济水平提高了，很多人都想买点玉石雕件（既可以自己把玩，又有持续升值的潜力）。但问题是，玉石雕件如何定价？

从逻辑上看，一个玉石雕件主要包括两方面的成本：玉料的成本（固定成本）和加工的成本（可变成本）。玉料的成本可以根据玉的颜色、种水等来判断，要准确判断这些虽不容易，但有经验可循。可判断工艺就十分困难了，也正因如此，我们很难给一个玉石雕件定价。

我们从可变成本角度来思考一下：一个玉雕大师可能要花费半年时间才能雕出一件作品，那么他半年的成本肯定都是要从这件作品里收回来的。如果他做别的工作可以拿到年薪30万元，他就可以依此判断：这件投入半年的作品的人工成本应该是15万元。这些工艺大师在出售产品时可能就是这么定价的，但对于不熟悉成本定价方式的消费者来说，这种价格就太不合理了。他们认为，同样是一块玉料，如果没有经过大师的雕刻，而只是随便用机器打磨一下，那么它的价格肯定不会这么贵。

结　语

在讨论平均成本时，经济学家会默认企业只生产一种产品。但在现实中，一家企业往往会生产很多种相似但不相同的产品，它们的成本也各有不同。比如，我们去餐馆吃饭时会发现很多餐馆都有一两种特别便宜的菜品。这些菜品几乎是成本价，甚至低于成本价。餐馆这样做，难道不会赔钱吗?

实际上，低价菜只是为了吸引人气，餐馆根本不指望它赚钱。餐馆老板知道，顾客不可能只点这一道菜，总要再配合点些其他菜。餐馆老板并不会单独计算一道菜的成本，而是会计算每一单或者每一天的平均成本。这就是真实世界计算成本的方式。

成本计算很难。理解了成本，我们对经济学的认识也就能极大地前进一步。

奢侈品为什么就是不降价

我路过几家商店，它们的外观极为奢华，里面的名牌包动辄数万元。这些商店让人望而生畏，一般路人不大会推门进去，所以它们一年到头总显得冷清。但这几家店从没有贴出打折广告，也从没有派店员发一些优惠券来吸引顾客。

奢侈品为什么不降价

奢侈品的特点是，体量不大，价格奇高，小小的一件商品包含极高的价值。我们以包为例，如果你的目的只是装东西的话，那么塑料袋可以装，帆布袋也可以装。同样是包，有的几百元，有的几千元，有的几万元甚至更贵。我认为，那些几万元一个的包和几百元一个的包绝对不是一类商品，也不能用同一个经济学模型来分析。

经典的经济学理论认为，如果一种奢侈品降价了，大家就会蜂拥抢购，这种奢侈品的需求就会极大地增加。但这只是教科书上的归纳，在现实中，我们可以看到那些昂贵的奢侈品从来不降价。有学者认为，那些靠降价手段来吸引顾客、增加收益的奢侈品，只是所谓的“轻奢品”，而非真正的奢侈品。

前两年流行一个概念，叫“消费升级”，就是把日常的消费水平提高。比如，你平时出门都住300元一晚的宾馆，但为了追求轻奢，你可以去住800元一晚的精品酒店。精品酒店不是一看就穷奢极欲的五星级酒店，而是有自己的特点和品位，其价钱不便宜，但也没有贵到让人难以接受的地步。这种消费就叫作轻奢。

近几年，国际上流行一种活动，叫“餐厅周”。每个大城市都有一些特别奢侈的餐厅，西餐、中餐都有，每餐消费动辄要人均600元或800元，甚至更贵。由于高昂的价格，餐厅平时很冷清，不过也正是这种高冷的环境衬托出餐厅的所谓“高贵品位”。“餐厅周”活动把许多高级餐厅组织起来，限定一周，推出人均300元的套餐。如此一来，消费者就可以用比平常低得多的价格去这些餐厅里感受一次。结果，每次“餐厅周”活动都很火爆，平时冷冷清清的餐厅在“餐厅周”天天爆满，大多数餐厅被瞬间秒杀，想订位都订不到。这就说明，人们对这些餐厅的价格十分敏感。

弹　性

经济学一直关注商品价格与销售量的关系。经济学家马歇尔提出了一个基本概念，叫作“弹性”。弹性就是商品价格变动对供求数量的影响（也可以说，弹性就是供求相对于商品价格变动的反应程度）。我们这里主要讨论需求弹性。如果商品略微涨价，人们对这种商品的需求就会极大地减少，我们就称这种商品的价格弹性很大，或者叫富有弹性；反过来，如果商品涨价，需求并没有多大的变化，我们就称这种商品的价格弹性很小，或者叫缺乏弹性。

我们以超市里最常见的商品来举例。超市里哪些商品有弹性，哪些没有弹性呢？西方很多经济学家做过细致的研究。比如，橄榄油的弹性很大，花生酱的弹性小一点，番茄酱的弹性更小一点，但这些商品都有弹性。对于有弹性的商品，超市应该多降价（超市可以选取降价策略，通过薄利多销来提高总收入）。再如，香烟缺乏弹性，洗发水缺乏弹性，洗衣液也缺乏弹性。对于缺乏弹性的商品，超市应该多涨价（需求量变化的程度相比价格变动程度较小，此时超市可以通过涨价策略来扩大收入）。

还有一种有意思的商品——薯片，它有没有弹性呢？按照美国经济学家的研究，薯片在美国是非常缺乏弹性的，跟香烟差不多。对于喜爱吃薯片的人来说，不管薯片怎么涨价，该买还是要买的。中国好像还没有人做过这方面的研究。但我估计，薯片这一类零食在中国多半也是缺乏弹性的。

我们可以把商品分为必需品和非必需品。一般来说，必需品的价格弹性比较小，而非必需品的价格弹性比较大。

什么是必需品？就是一个人生活所必需的商品，比如米面粮油、蔬菜水果以及每天上下班可以乘坐的公交车，差不多都是必需品。以前，上海的公交车票从一元涨到了两元，不少人会抱怨。但是，我们没有其他选择。我们当然可以选择坐地铁，也可以选择打车，但费用只会更高。我们还可以选择步行，完全不要钱，但如果距离太远的话，步行就不现实。必需品再怎么涨价，我们也只能接受。

另外，一些商品是非必需品，不是非买不可的。如果橄榄油价格太高，我们就可以选择用花生油或其他植物油替代。如果我们想买一台苹果手机，由于最新款太贵，那么我们可以选老款。除了找替代品，我们还可以通过延迟消费来解决。如果我们看中了最新款产品的高性能或某个功能，不想将就用其他型号替代，那么我们可以等“6·18”或“双十一”等电商的促销活动，等有优惠的时候再入手。因此，这类非必需品的价格弹性就比较大。

奢侈品不是必需品，毕竟名牌包也不能当饭吃，所以从理论上说，奢侈品的需求价格弹性应该很大才对。但就像我们前面说的，那些真正的奢侈品从来不降价，其弹性实际上非常小。为什么会这样呢?

实际上，必需品与非必需品的概念是相对的。一个人眼中的非必需品，可能是另一个人眼中的必需品。因此，对于同一商品来说，不同人表现出的价格敏感程度也会不同。

对于老百姓来说，奢侈品不是必需品，但对于明星来说，他们天天曝光在摄像机下，在出席活动、走红毯时需要穿戴奢侈品。所以，对于明星来说，奢侈品就是必需品。更何况奢侈品之间也有极大的差异，不可相互替代。某个奢侈品牌的忠实消费者，绝不会因为另一个品牌的产品略便宜而改变自己的选择。

我们平时经常听到，有些公司白领自嘲说自己已经实现“便利店自由”。我们都明白，24小时便利店的东西比超市贵20%以上，比大卖场贵很多。但是，便利店街头巷尾到处都有，我们出门不用走很远就能买到食品和日用品。所以，很多白领为了图方便、省时间，经常选择在便利店购物。这说明，白领对这些商品价格不敏感（他们不会为了省几块钱而跑去很远的大卖场，因为时间更宝贵）。而对于一些老人来说，他们对这些商品的价格就敏感得多。老人的时间充裕，他们宁愿多花一些时间去远一些的大卖场，因为那里的商品更便宜。

需求的紧迫性

一个人对价格是否敏感，还跟他对这个商品需求的紧迫性有关。比如，在旅游景区，你不会携带太多东西，当口渴难耐时，你会选择买景区里20元一瓶的矿泉水。尽管其他地方只要一两元就能买到，但你等不了几个小时，你现在就要喝水。

这就说明了一条重要的经济学原理：消费的时间性异常重要，个人在不同时刻对同一种产品的需求弹性不同。

我们也可以用这个逻辑来讨论飞机票的价格问题。飞机票价格的变化一直很大，低的时候很低，高的时候特别高，两者之间相差几倍都很正常。比如，过年期间的飞机票一定是全价，有的人回趟老家可能比去一趟美国还要贵，即使飞机票价格很贵，人们也不一定随时都能买得到，还得抢。这是一种完全缺乏弹性的需求，即价格再怎么变动都不会减少需求。而过了春运高峰，飞机票的价格很快就会降下来，因为这时候，消费者的需求就有一点弹性了。严格来说，春运期间对机票的需求并不是交通需求，而是家人团聚的情感需求，这是无可替代的。

当然，这种紧迫性的需求也随着外部环境的变化而变化。很多朋友抱怨，现在飞机票的淡季似乎越来越短，全年都是高价。

现在，越来越多的中国人选择在假期出游。2018年，中国人的出游次数为50多亿，其中很大一部分都是通过飞机来实现的。就像每年七八月份，全国各地的天气都很热，过去绝对是出行淡季。但是，这两年形势突变，几乎所有的中小学生都必须利用寒暑假出门走一圈，进行所谓的“游学”。对于家长来说，这也变成了刚需，因为孩子的同学都去游学了，自己的孩子也必须出去走一圈，否则在他们的圈子里会抬不起头。受此影响，暑假期间，机票就从淡季变成了旺季，需求极为旺盛，全国各地的机票几乎是全价。

所以，这也迫使我们思考：哪些领域的需求是没有弹性的，哪些是有弹性的？

我非常有把握的一点是，中国人在教育方面的消费是缺乏弹性的。比如孩子学钢琴的课时费，有的老师收200元，有的老师收300元，还有的名师收1 000元。一节课200元和一节课300元其实相差很多，差了50%。如果你经常去的饭店涨价50%，或者你租的房子房租涨价50%，那么你一定会有所反应。但是，在绝大多数家长为孩子上钢琴课做选择时，课时费绝不是重要的考虑内容。家长的逻辑是，既然决定学钢琴了，难道还在乎一节课是200元还是300元吗？

但这些家长真的不在乎50%的差价吗？我们不妨对比一下，很多家长也在使用拼多多，也特别关注“双十一”。这些年来，每年“双十一”的网上交易量都在创造新纪录。降价打折对于中国消费者来说还是有巨大吸引力的，大多数商品都富有价格弹性，大家都会因为降价而增加购买量。“双十一”前后，几乎每个家庭都在购物，想必这些家长也不例外。

目前，我们主要讨论了三个有关需求弹性的问题：首先，对于大众而言，不同商品的需求弹性不同；其次，对于不同人而言，同一种商品的需求弹性不同；最后，对于不同时间的同一商品而言，大众的需求弹性不同。影响需求弹性的因素可能有很多，我们试着列举一些。

第一个因素是，弹性与商品的可替代性有关。有些商品很容易找到替代品。比如“双十一”前后，你在网上可以迅速对同一类商品进行比较，按照价格进行排序。这样一来，消费者对商品的性价比会非常清楚。而当家长在帮孩子选择钢琴教师时，虽然不同老师的价格不同，教学能力、教学模式也不同，但老师没有那么强的替代性。

第二个因素是，弹性与选择商品的可供调整时间（也就是紧迫性）有关。在“双十一”购买的商品往往没那么紧迫，比如很多人会在“双十一”这天大批采购卫生纸之类的商品。而在买春运或者暑假期间的飞机票时，你没有可供调整的时间，这时的消费弹性就很小，你只能接受高价。

第三个因素是，弹性可能与商品价格占个人消费预算的比例有关。一个人在买一些街头小吃时，可能对弹性不是很敏感，但是当一顿饭要吃掉600元或800元的时候，消费就富有弹性了。

结 语

需求弹性是个很有意思的问题。我们有时候对价格敏感，另一些时候则不敏感。而厂商也在利用消费者的这种心理，针对性地调整价格。这些调整与选择在我们的日常生活中每天都在发生。

不过，对于我面前的这几家奢侈品店来说，它们是不会做这种价格调整的。因为这些奢侈品店都非常清醒地认识到，虽然降价确实有可能会吸引一部分新的消费者，但问题在于，一旦降价，奢侈品的定位就会发生动摇。从长期来看，这对品牌形象不利，所以不会有奢侈品牌这么做。

奢侈品的品牌定位和自身的性质决定了其与一般商品不同。从这个角度来看，奢侈品无须降价，无须打折。

稳稳赚钱的烟酒生意

往前走，我会经过一家烟酒专卖店。这家烟酒专卖店平时也没多少顾客进出，但在这里已经很多年了，老板似乎也从来不愁生意。确实，卖高档香烟和烈酒是极好的生意。不管宏观经济怎样，不管房地产有没有泡沫，不管今年毕业的年轻人更喜欢金融业还是IT业，卖烟和酒都是极好的生意。

美国的证券投资大师巴菲特，一直主张做长线——价值投资，买自己看得懂的股票。他的身价与可口可乐的股票多年来一起增长，这已经是投资界的经典案例。多年前，中国的一个投资高手也信奉巴菲特理论，运用这套理论取得了非常优秀的成绩，他购买的股票就是贵州茅台。

那么，和其他食品、饮料相比，烟酒有什么特殊之处吗？

垄　断

烟酒确实有特殊之处，比如：你不能确保在任何便利商店都能买到香烟，因为很多店没有出售香烟的许可证；你在机场出入境免税店里，能以比较低的价格买到一些烟和酒，但数量都有严格限制。最近，某些地方爆出丑闻，有官员利用领导人专机出访的机会走私了数千条香烟。由此可见，在全世界范围内，烟与酒基本都会受到管制和垄断。

什么叫作垄断？我们说的垄断，一般是指卖方垄断，就是整个市场里只有一个卖方，面向众多买方。这时候，我们就说这个市场被这个卖方垄断了，此时不管哪个消费者想买东西，都只能从这个卖方手里购买。如果这个唯一的卖方是企业，那就是企业垄断；如果这个唯一的卖方是国家，那就是国家垄断。

垄断会有什么后果？我们在前文讨论过供给和需求的基本分析方法。我们可以想象，既然市场里只有一个供给者，缺乏竞争，那么他一定会制定高价（高于竞争市场的均衡价格），追求利润最大化。诚心要购买的消费者别无选择，只能接受垄断者的高价。垄断高价会产生严重的社会危害，因为它把很多无法支付如此高价的消费者排除在外，少数有能力支付的消费者也不得不付出巨大的额外代价。垄断者是整个市场唯一的得利者。

因此，我们可以说：如果公平正义也是市场经济所追求的重要目标之一的话，我们就不应该过度放纵垄断现象。

不得已的垄断：自然垄断

垄断是否全都不应该存在？倒也未必，因为在有些情况下，垄断是不得已的，是必须存在的。如果要打破垄断，那么我们可能要付出比垄断本身更高昂的代价。

比如，有一种情况叫作自然垄断。我们日常生活中必需的水、电、煤、网等资源，都是自然垄断。现在上海的自来水价格大约是每立方米3.45元。这个价格算是比较合理的，但对于一些节俭的人来说，还是有点贵。那么，个人有没有其他更便宜的选择呢？没有，你只有更贵的选择。如果你在日常生活中不用自来水，而买矿泉水来洗手洗脸，每立方米的水价可就远不止这么多钱了。

上海的自来水由上海自来水公司统一提供，统一铺设管道，统一安装水表，统一收取水费，民众没有讨价还价的余地。事实上，其他公司也不想跟上海自来水公司竞争。现在上海所使用的自来水并不是地下水，而是长江江心水。多年前，上海政府部门在长江入海口附近的长兴岛一侧筑起堤坝，围拢了一个水库，叫青草沙水库。这个水库里的长江水通过地下管道运输到上海，再进行各种加工、消毒，最后传输到千家万户的水管里。

我们可以想象，这是多么巨大的一笔投资！企业如果想跟它竞争，那么该如何找水呢？在长江江心重新围筑一个水库？这显然不现实，而且成本会更高。所以，自来水的供应只由一家公司垄断是完全合理的。不过，政府要履行监管的义务，参与自来水的定价过程。如果想要给自来水调价，那么政府每次都需要开听证会，向全体市民通报为什么要涨价，取得大家的认可后才能调价。

自来水是这样的，电力、煤气等也是这样的。自然垄断有一个特征：这些产品一般都是重要资源，开发成本极高。所以，这些重要资源只能由国家来统一开发和管理。

被诟病的垄断现象

公共资源如果没有被合理利用、合理定价，就会遭到民众的抱怨，比如铁路就非常具有代表性。铁路的修建成本极高，因为铁路沿途要经过很多地方，会产生极大的沟通成本。熟悉历史的人一定知道，晚清到民国期间围绕铁路发生过很多重大历史事件。修建铁路时，沿线还可能遇到各种特殊的地理环境——遇山开隧道，遇水建高架，非常艰难。

铁路原本最大的优势就是便宜。现在我们有多种交通方式，比如飞机、汽车、轮船等。近年来，中国飞速建设高铁，一跃成为全世界高铁里程数最长的国家。高铁建好后，铁路局就把很多慢速、廉价的绿皮车给停掉了。对于部分人而言，修建高铁肯定是一件好事，因为他们比过去多出一点钱就可以极大地缩短交通时间。但对于广大的底层民众则不然，底层民众不在乎时间。他们在乎钱，希望能以最低的成本到达目的地。取消绿皮车就剥夺了他们的这种选择。

这里的核心问题就在于，铁路是国家垄断的，没有其他替代选择。

国家垄断的其他目的：多征税

一些常年被国家垄断的产业并不属于自然垄断。国家之所以垄断这些产业，是因为它们很重要、很关键，国家可以从中获取更多的税收。

西汉时期，有一本著名的书，叫作《盐铁论》，它几乎是中国最早讨论经济问题的著作，至今仍常被提起。《盐铁论》记录了两方人士对盐、铁、酒等产业政策的讨论。一方是汉武帝的宠臣桑弘羊，他主张要在盐、铁这些核心产业上施行国家垄断，即不允许老百姓私自买卖盐、铁产品，老百姓必须按照国家规定的价格到国家指定部门进行交易。另一方是全国各地的儒家知识分子，这些文人贤良主张自由贸易，反对国家垄断盐铁。

为什么桑弘羊要主张国家垄断盐铁，而不是其他东西呢？而且，这些产品并不具有自然垄断特性（海边的老百姓很早就学会了用海水煮盐，并不需要很高的资本投入或先进的技术手段；炼铁稍微难一点，但主要难在找铁矿石上，炼铁技术到汉代也已经很成熟了）。因为盐铁是老百姓生活的必需品，只有对这些商品征税，国家财政才能保证税收落到每一个人头上。

如果国家在白菜上征税，那么喜欢吃萝卜而不喜欢吃白菜的人便可以成功地逃税，甚至一些本来喜欢吃白菜的人因为征税也转而去吃萝卜了，这样国家最终就征不上来多少税。而在盐铁上征税就可以避免这个问题：没有人可以不吃盐，没有人可以不用铁，也没有任何东西可以替代盐和铁。所以，盐和铁天然就是最优秀的征税对象。桑弘羊考虑到汉武帝穷兵黩武、四处扩张帝国，这才一定要从盐和铁上来征税。

《盐铁论》作者的观点是偏向文人贤良且主张自由主义的，但历史却偏向桑弘羊。中国两千多年来一直施行国家对食盐的垄断，一直到2014年国家宣布放弃食盐专卖，才结束了延续两千多年的国家食盐垄断。

桑弘羊当时怎么没想过要垄断烟草呢？因为烟草是美洲作物，西汉的时候还没进入中国。然而，自从烟草进入中国后，国家很快就发现，这又是一种非常好征税的商品。因为抽烟者数量极为庞大，抽烟者往往有烟瘾，而且香烟的需求弹性很小，就算价格很高，抽烟者也照买不误。近一百年前，科学研究表明，抽烟有害健康，这对于国家垄断香烟销售更是一件好事，因为国家可以借着“控制香烟数量，保护人民健康”的名义提高香烟价格，从烟瘾更强的那些人头上征收更多的税。

目前，香烟的供给由国家垄断，国家设立了专门的烟草局来管理烟草。对比一下，国家没有冰激凌局，也没有巧克力局。此外，烟草局要控制香烟的数量，合理布局其网点。这就是国家为了垄断烟草所采用的措施。

垄断的弊端与引入竞争

由于垄断厂商缺乏竞争对手，所以它们完全没有维持质量的动力。不管质量好坏，人们也只能到它们那里去买。所以，现在的消费者在买烟时倒不是嫌贵，而是害怕买到假烟。有时消费者买到的是真烟，但因为店面比较小，他们总怀疑这是假烟或者是滞销烟。

这就是垄断的恶果。如果没有外力强行介入，垄断厂商提供商品的质量就会很糟糕。那么，我们有什么办法可以解决这个问题呢？市场天然就包含了解决方案：引入竞争者，加强竞争。只要有竞争，垄断厂商就没那么容易垄断定价，就必须适当考虑一下自己的产品质量。

举个例子，中国的电信行业一直由两三个大公司垄断，它们在技术上没什么特别的，主要就是国家行政垄断（不发放更多的牌照）。我一直用其中某一家，印象中它非常骄傲，定价很高，但服务很差。有一天，我突然收到短信，这家公司开始大范围赠送流量、返还话费了。我很奇怪，为什么这家公司突然转变态度，开始讨好客户了？我上网一查才明白，原来国家放开了携号转网的权限。也就是说，我可以在不改变电话号码的情况下，马上转投另一家电信公司。如此一来，电信公司也来讨好我了。

所以，竞争是个好东西。竞争可以帮助企业把一切坏毛病都改掉。

结　语

垄断必然导致很多问题，比如价格偏高，质量下降等等。只不过，在现实生活中，为了避免付出更大的代价，我们有时不得不接受一些垄断。

我面前的这家烟酒店拥有国家特许垄断地位，所以可以稳稳地赚钱。但我希望这种店越少越好，竞争越多越好。

毕竟，垄断者只有一个，而消费者有千千万万个。我们都只是普通人，应该更多地站在大多数人的立场上来思考问题。

涨工资了，就能买到更多东西吗

往前走，我会看到一家便利店，下个路口还有一家。上海有很多便利店，这也是上海经济中最为人称道的一点。现在上海有超过7 500家便利店，大约每3 000人就能分到一家便利店。上海便利店的数量仍在增长中，还有一些新品牌尝试打入上海，据说几年之内上海的便利店数量会增长到上万家。大多数便利店都是24小时营业的，并且夏季、冬季都有空调，对上海市民的生活非常重要。北京的面积比上海大，可便利店的数量要少得多。这也是很多在上海住惯的人来到北京最不习惯的一点。不过，有一点是无疑的，便利店里的东西绝不便宜。同样一种商品，在便利店里的价格要比在小超市里的价格贵，而且贵不少，而小超市里的商品价格又比大卖场里的价格贵。

在很多节俭的老年人看来，便利店的商品价格贵得离谱，这是绝对不能接受的。但市场可以说明一切：既然市场上有这么多便利店，这就说明有人会去买东西，并且很多人是可以接受便利店的物价的。

那么，物价到底怎么衡量呢？

物价与货币

物价是个很有意思的概念。物价的计算非常复杂，因为它直接涉及另一个基本概念，即货币。正好我手头有一张20世纪90年代末的报纸，报纸上有一篇当时市民抱怨上海商品房房价太高的文章。记者调查结果显示，当时静安寺地区新房的房价每平方米超过6 000元，陆家嘴、南市、虹口部分地区的房价也达到了每平方米5 000元，而市民普遍认为，这些地区合理的房价应该在每平方米3 000元左右。

放到今天，如果我们随便问一个路人静安寺的房价每平方米6 000元贵不贵，那么路人一定会奇怪地看着我们。只要打开个房地产网站搜一下，我们就会知道，静安寺附近的房价现在平均每平方米120 000元，这已经是过去不断下跌的结果了。

但我们也不能说30多年前市民的看法有多荒唐。当时，他们不可能预料到上海的房价在未来的30多年里会有20倍的涨幅，绝大多数经济学家也都没有预料到。大家对房价的抱怨主要基于当时的收入，基于当时的货币购买力。20世纪90年代末，上海市民的平均月收入约为1 200元，相当于5个月不吃不喝可以购买静安寺一平方米的房子。

对于过去30多年里的衣食住行，你能想到的东西没有不涨价的，当然大家的收入也涨了不少。2018年的统计数据显示，上海市民的平均月收入大约为8 000元，比1999年涨了7倍左右。只是，工资上升的速度还是远远无法赶上房价上升的速度，在同样这段时间里，房价涨了20倍。如果我们现在还是想用5个月的收入购买一平方米的房子，那么我们肯定买不了静安寺附近的房子了，只能买郊区的了。

房价这个例子说明：我们经常会抱怨东西贵，但是这种比较要放在特定的比较短的时间段里才有意义。比如，房价昨天为每平方米5 500元，今天变成每平方米6 000元，两者进行比较是有意义的。因为在很短的时间内，货币供应量没有发生大的变动，大家的平均收入也没变，这才能凸显出商品价格的变动。但是，如果房价去年是每平方米5 500元，今年变成每平方米6 000元，这样对比就没有那么大的意义了，因为货币供应量可能发生了变化，一切都涨价了。

时间是最可怕的一种力量，我们把每天都在接触的商品价格放在时间的长河里，往往就显得很可笑了。

恩格尔系数

货币是一个重要问题，我以后还会把它专门拿出来讲。我们继续来看物价。

不同人对物价的敏感程度不同，甚至相差悬殊。近年来，随着上海城市的改造，传统的菜市场被纷纷改造或者拆除，虽然买菜的环境变好了，但菜价比过去贵了很多。所以，有媒体报道，上海有为数不少的老年人每周都会乘坐公交车去远郊的蔬菜批发市场买菜。由于这些市场的交易时间都很早，这些老年人往往天不亮就要出门，中午才能回到家。这些老年人执着于蔬菜的价格，对他们而言，实在不能接受新式菜市场或者超市里的价格。

而那些经常在便利店购物的人会自嘲，说自己已经实现“便利店自由”。愿意去便利店买东西，而不想其在超市里的价格，叫“便利店自由”。愿意在淘宝上买东西，懒得去凑单，叫“不凑单自由”（这是大家迈向财富自由的第一步）。但是，便利店自由距离飞机自由（想什么时候坐飞机就什么时候坐）、酒店自由（想住什么酒店就住什么酒店）还差得很远；至于择校自由（想让孩子读什么私立学校就读什么私立学校）、生育自由（想生几个孩子就生几个孩子），那就差得更远了。因为不同商品在我们的日常生活中所占的比例不同，很多人之所以能获得菜市场自由、便利店自由，是因为吃饭开支在居民的总收入中所占的比重较低，而且越来越低。

19世纪，德国统计学家恩格尔在研究时发现一个规律：一个家庭的总收入越低，也就是越穷，它在食品上的支出比例就越高。随着一个家庭变得越来越富裕，它在食品上的开支比例就会降下来。因此，我们就把食品支出占整个家庭支出的比例叫作恩格尔系数。恩格尔系数与一个家庭的经济富裕程度成反比。

20世纪90年代初，上海的恩格尔系数超过50%，一个家庭每月收入的一大半都会用来买吃的（这也是当下很多老年人对蔬菜价格如此敏感的原因）。但是到了2000年以后，上海的恩格尔系数迅速降到40%以下，然后35%、30%，现在大概只有25%。所以，对于年轻人而言，所有时候都在便利店买贵的食品仅影响总收入的25%。生活中有太多烦心的问题，我们何苦再去计较食品上的这一点价格差异呢？

物价统计方法：一篮子商品

食品只是日常开支的一部分，生活中还有其他重头支出。那么，我们如何全面衡量物价呢？

我们经常听到一个概念，即通货膨胀，它是指物价持续而普遍上涨的现象。想要准确评估通货膨胀是很困难的，比如我们看到菜市场里的猪肉最近涨价，是不是就能说现在出现了通货膨胀呢？不一定。我们还会经常看到某些名牌汽车最近又降价了。有的东西会涨价，有的东西会降价。我们不能只根据一两样产品的价格上涨，就说发生了通货膨胀。

为了解决这个问题，统计学家发明了“一篮子商品”，现在各个国家都在广泛运用这种物价统计方法。

一篮子商品的基本思想是：设计一个虚拟的人，他提着篮子去市场里买东西。他的篮子里一定有食物，但也要有衣服，还要有房租、交通、娱乐等。当然，篮子里不同东西所占的比例不同，大致就相当于这个人在各个领域分别支出的比例。我们通过计算篮子里东西的价格，就能衡量整个社会的物价水平。如果篮子里的东西没变，虽然有些东西涨价了，有些东西降价了，但是今天篮子里的东西总体上比昨天篮子里的要贵，我们就说整个社会发生了通货膨胀。

美国篮子与中国篮子

要想用一篮子商品统计物价，我们首先要确定篮子的结构。

美国是最早使用这种物价统计方法的国家，我们不妨先看看美国的篮子。美国的篮子里有43%是住房，17%是交通，15%是食品和饮料，6%是教育和通信，6%是医疗，6%是休闲娱乐，4%是服装，等等。美国是发达国家，民众也不怎么讲究吃，所以其恩格尔系数很低。美国的篮子只分配了15%给食品和饮料。同时，在我们的印象里，美国人多半也不怎么讲究穿着，所以这个篮子只分配了4%给服装。

但是，美国的房租开支所占比例不低，这个篮子把43%都分配给了住房。同时，美国是个车轮上的国家，每天都要烧汽油，所以交通开支在篮子里占到17%。住房和交通两项就占了60%。所以，在美国的物价统计中，房租费用和汽油价格的上涨，都会严重影响总体的物价指数。

各个国家的消费结构都不一样，所以各个国家都会根据自己的情况来设计自己的篮子。比如，中国与美国就很不一样。在最新公布的中国一篮子商品物价指数结构里，我们可以看到很多有意思的地方：在中国篮子里，食品占32%，烟和酒占3.5%，服装占8.5%，医疗保健占9.6%，居住占17.2%，交通和通信占10%。

中国的食品要占30%多的比例，比美国高出一倍。一方面，这说明中国老百姓的平均生活水平还不如美国，中国恩格尔系数比较高；另一方面，这说明中国人确实比较在乎吃。所以，食品价格的变动会对中国的物价指数造成比较大的影响。在中国的篮子里，服装占8.5%，也是美国的一倍多，这说明中国人在买衣服上的开支比例要比美国的高很多。

但是，在中国的物价指数中，居住只占17.2%，这个比例比美国的低很多，这是什么原因呢？在中国的统计中，居住费用只包括房租、物业费、水电费等，并不包括买房的按揭贷款。但是，中国的租房比例是相对比较低的。在中国14亿人里，租房群体有2亿人，仅为14%左右，剩下86%左右的人都住在自己购买的房子里。所以，中国过去20年房价的上涨，并没有在一篮子商品决定的物价指数里得到充分体现，这一点非常值得我们思考。

一篮子商品的局限

用一篮子商品来计算消费物价指数是一种非常巧妙的想法，但在实际操作过程中，我们依然会遇到一些问题。

一是篮子固定以后，老百姓会用物价上涨慢的商品来替代物价上涨快的商品。很多商品都有替代性，老百姓如果发现某些食品比另一些食品涨价涨得慢，就可能改变自己的选择。这样一来，最初设定的篮子就会有一定的偏差。

二是经济发展以后，一直会有篮子以外的新产品出现。比如，最早的苹果手机是2007年发明的，现在它是老百姓消费篮子里的东西。但是在2007年以前，谁都不知道这种产品，篮子里没有它。那么，苹果手机出现以后的篮子，怎么跟以前的篮子做比较，是一个难题。

三是篮子里的东西没变，但是质量会变。比如，同样是教育支出，过去是把孩子送到暑托班，现在是让孩子参加各种暑期学校，还要让孩子去全世界游学。质量完全不一样，也就不具备可比性。

所有这些问题都会对一篮子商品决定的物价指数的准确性造成一定的影响。

结　语

看着眼前热热闹闹的便利店，我觉得老百姓对于目前的物价水平基本还算满意。从消费物价指数来看，中国过去10多年的这个指数都非常平稳，基本没有发生剧烈波动。这也意味着中国很久都没有经历过严重的通货膨胀了，这对老百姓来说是一件好事。

不过，市场总是充满隐患与风险。例如，过去20年不断飞涨的房价目前还没有在消费物价指数中得到体现。

第 3 章

就餐：经济学的实践

从纸币到移动支付

我发现前面有一家菜市场，所以吃饭的地方也就不远了。菜市场入口收银处的柜台上贴着支付宝和微信支付的二维码。记得过去，菜市场是人们换零钱的地方，哪怕再小面额的辅币都可以换到。一毛或两毛在别处很难使用，但在菜市场能找到使用的场景。可在移动支付越来越流行的当下，人们都已经习惯了用手机扫码支付，最终连菜市场也开始使用数字货币了。

那么，什么才是货币呢？从人类最早的以物易物到后来的铜钱、白银、黄金，再到纸币、数字货币……为什么人们能够接受这么多种形式的货币，却不能接受用石头作为货币呢？未来的货币会变成什么样子呢？这些问题真值得我们好好聊聊。

从纸币到移动支付

现在每个国家基本都有自己的货币。如果要走出国门或者从事国际贸易、国际金融，那么我们还要考虑货币的国际应用问题。这个问题比较复杂，我们以后再专门讨论。我们先来谈谈一国之内的货币问题。

最近，我听到一个故事。一个朋友的孩子，大概六七岁，有一次跟父母出门，看父母掏出一张纸币买东西，就问父母："这是什么呀？为什么可以买东西？"父母大惊失色："这是钱呀！"孩子表示不理解，在他眼里，人们买东西时都是用手机扫码支付的，而爸妈竟然能用一张纸来买东西，他还是第一次见。

我觉得这个故事很耐人寻味。支付宝和微信的扫码支付大概是从几年前开始流行起来的，现在已经在全国很多地方普及了。由于移动支付十分便利，大部分人（包括我自己）早已习惯不带纸币出门。你还能记得自己上次去银行ATM机（自动取款机）取现金是什么时候吗？如今，不管是坐地铁还是买吃的，不管是在大商场还是街边小店，所有的消费场景都可以用手机来支付，而纸币似乎在我们的生活中逐渐被淘汰了。这么看来，小孩子不认识纸币似乎也并不奇怪，可能今后不认识纸币的孩子会越来越多。

纸币逐渐退出市场会对整个社会产生不知不觉的影响。有人说，现在外面的小偷明显减少了，过去那么多年，社会治安再怎么整顿都没法杜绝小偷，逢年过节，小偷更是猖獗，人们走在路上都得提心吊胆地捂好自己的钱包。自从移动支付普及以来，偷钱包的贼几乎绝迹，不过相对应的，电话诈骗、网络诈骗的案子多了不少。这也是货币形式变迁带来的后果。

什么是货币

回想以前的货币，真称得上丰富多彩。我出门到外地参观博物馆，就喜欢看各式各样的钱币。中国最早的钱币有贝壳、金箔，有青铜做的刀币、布币，还有铜钱、银锭、银圆，五花八门。上海是中国钱币收藏的重镇之一，我认识的很多老师都收藏了不少钱币，这也是经济学的学术传统之一。但在1949年以后，中国统一用人民币作为官方货币，其他各式各样的货币就都退出了流通领域。到了今天，大家转而使用支付宝或微信，那么未来博物馆里要展示的话最多展示一个二维码。

货币形式的变动给了我们一个很重要的启示：货币是多元的，什么都可以成为货币。不过，想成为货币又没那么容易。在讲劳动分工与信任的时候，我们探讨过“比特币有没有可能成为未来的主流货币”这个问题。从技术层面来看，比特币的确有这种潜力，但由于人们对它缺乏普遍的信任，我最后的结论是：

“比特币不可能成为通用的货币。”

历史上，很多东西都起到过货币的作用，比如我们刚刚说的贝壳等。另外，在一些极端的环境下，比如监狱里，香烟或者方便面都有可能成为货币。不过，一旦离开这种特殊的封闭环境，人们就不会承认这些是货币了。

经过这么多年，最终被人们普遍接受并作为货币流通的，也就是金银等少数几种东西。马克思说过一句名言：“金银天然不是货币，但货币天然是金银。”他的意思是，在人类没想到或者不需要使用货币之前，金银对人类没有意义，它们既不能吃，也不能用，但等到需要使用货币时，人类就不约而同地想到了金银。

那么，为什么金银是货币？金银的特别之处又在哪里呢？

货币的功能要求：以金银为例

从功能方面来看，货币之所以能成为货币，是因为它具有贮藏手段、流通手段、支付手段和价值尺度等功能。也就是说，一种东西只有满足这些功能性要求，才有可能成为货币。如果用这几项功能来考察黄金和白银，你就会发现金银的优势。

首先是贮藏手段。黄金和白银都很适合贮藏，贮藏几十年、一百年都不容易坏。海昏侯墓考古挖出了大量的黄金，两千多年前埋葬的黄金如今还是金灿灿的。所以，金银的这个性质很重要，而具有这个性质的东西不多，比如纸币就不行。我们过去经常看到新闻，有人把大量纸币藏在床底下或者埋在地里，过几年找出来一看，不是被老鼠啃得一塌糊涂，就是霉烂得难以辨认。

再来看流通手段。所谓流通手段，就是一种货币要被社会上所有人接受。任何收到他人货币的人，都要有信心可以接着使用它去买自己需要的东西。比如，我们说的香烟和方便面在监狱里具有流通性完全没有问题，因为稀缺，大家都想要，但到了社会上，它们的流通性就会出现问题。这些产品在香烟厂和方便面厂可以被大量生产，根本不稀罕。而黄金是稀缺金属，开采很不容易，没法量产。千百年来，全世界人民不知想了多少办法，才淘出现在所拥有的黄金。一百多年前，美国西部发现了黄金，中国人就去淘金，形成的城市叫作旧金山；后来美国的黄金淘得差不多了，澳大利亚发现了黄金，中国人又去澳大利亚淘金，形成的城市叫作新金山，也就是现在的墨尔本。如今，全世界容易淘的黄金都淘完了，剩下的都很难淘。不少中国人正尝试在非洲淘金，从而引发了大量和当地人冲突的事件。由此可见，采集黄金非常困难，需要付出极大的劳动，所以黄金才会成为全世界都承认的硬通货。

接着看支付手段。一种货币必须要适合日常使用。这个功能是黄金和白银的重要短板。在中国历史上，人们日常买卖都喜欢使用铜钱。1 000个铜钱用绳穿一串，其价值约等于一两白银。人们平时买根葱、买棵菜，用铜钱最方便，只有在进行大宗交易的时候才会用白银。因为白银的切割太不方便了，如果买两个鸡蛋，那么到底切多大一块白银才合适呢？店家称重的秤准不准呢？要不要自己随身带个秤呢？白银的成色足不足呢？有没有可能一个银锭里混了不少铅和锡呢？这些问题都会影响白银的日常支付功能，黄金就更不用说了。

最后一点是价值尺度。所谓价值尺度，就是我们可以用一种货币作为基准，来衡量其他商品的价值。比如，一斤猪肉需要多少铜钱，一斤黄酒需要多少铜钱，这就是用铜钱来做价值尺度。我们在付出劳动、获得工资时也要用这个价值尺度，我们在纳税时还要用这个价值尺度。价值尺度很重要，人们一般只会使用一种。如果同时使用好几种价值尺度，那么人们在使用过程中一定会出现混乱。比如，你领工资时领的是白银，但买东西时要用人民币，那么只要白银和人民币之间的比值发生变动，社会经济就会出问题。这也是现在大部分国家最终都只采用一种货币的主要原因。

货币的流动性

我们在前文讨论了货币的多种形式。但我们是否可以说，我们平时使用的现金（一张一张的纸币）就是货币呢？

这么说也没错，不过并不准确。现在的经济学家在讨论货币时经常会牵涉另一个概念，即流动性。

流动性和货币的关系是一个非常重要的问题。过去，金融活动不发达，个人很少需要大额资金，因此在传统的经济里，人们不怎么关注流动性问题。但现在，随着货币流动速度极大加快，金融活动空前活跃，每天都有不计其数的资金在各种证券和投资领域流动，所以流动性就成了现代经济中的核心问题。这也是现代经济与传统经济最根本的区别。

最狭义的货币：现金M0

要回答“什么是货币”这个问题并不容易，不过我们可以肯定的是，我们平时使用的现金肯定算货币。从“使用方便”的角度来看货币，现金是最方便的，其流动性最好。所以，如果我们采用最严格、最狭义的货币定义的话，那么只有现金是货币，经济学家习惯称之为M0。

再退一步想：我们银行卡里的钱是不是货币呢？对于这个问题，很多人可能会有一丝犹豫：打开银行账户后发现，账户里包括很多品种，比如定期存款、活期存款、基金等各种各样的理财产品，还可能有外币，等等。我们不妨根据它们的流动性来一一分析。

M1与M2

如果你需要用钱，手头又没有现金，那么你去银行取钱的时候一定会先动用活期存款。因为活期存款的利息是有一天算一天的，你直接取出来也不会有什么损失。对我们而言，活期存款算是最容易动用的资金了，其容易程度仅次于现金（毕竟，要提取活期存款的话，我们还要先找一个银行或者ATM机）。

与活期存款类似，还有一种灵活的支付方式，叫作支票。支票在国内并不普遍，主要用于企业之间的结算。但在国外，支票是一种很流行的支付方式，人们买大件东西、付房租等大笔开销一般都会用支票支付。想要兑换支票很容易，你只要找到银行就能把支票兑现。

所以，如果你需要用钱但没有现金，那么你只要找到一家银行就能把手头的活期存款和支票转换为现金。它们都是很容易动用的资金，其容易程度仅次于现金。所以，我们可以把“货币”的定义范围放宽一点：现金加上活期存款和支票，这就是货币，经济学家称之为M1。

那么，我们试着再进一步放宽对“货币”的定义：你在银行的定期存款能否转换为现金？当然也可以，只是会有利息损失，所以我们平时是不愿意随便取定期存款的。但是，在真正遇到紧要事情（比如买房、看病之类）的时候，损失一点利息也算不了什么，我们还是可以随时把定期存款转换成现金。

还有没有其他的呢？有，比如货币市场基金（在美国统计口径中，零售的货币市场基金份额计入M2，机构持有的货币基金份额则计入更为广义的M3）。我们之所以购买货币市场基金，既有投资的目的，也有保值的目的。一般意义上的货币市场基金在任何时候都可以赎回，但由于它略有涨跌，所以我们一般只会在必要的时候赎回，毕竟在赎回基金时，人们承受的心理压力总要比抛股票小。

所以，当用更宽泛一点的概念来定义货币时，我们就可以把M1算进去，再加上银行定期存款和货币市场基金，经济学家称之为M2。

M0 = 现金

M1 = M0 + 活期存款和支票

M2 = M1 + 定期存款和货币市场基金

更宽泛的货币：M3、M4

分析完现金、活期存款、支票、定期存款和货币市场基金后，你也许已经发现现代人拥有的资产并不仅仅有这些形式。一个人所持有的股票算货币吗？房产算吗？艺术品、古董字画呢？

事实上，这些资产也可以根据其流动性不同而加以归类：股票的变现能力比较差，必要时我们也不是不能抛售股票，只是会有亏损风险；艺术品、房地产也是如此，当我们急需用钱的时候，它们也都是可以拿来卖的。所以，如果我们把“货币”概念范围再放宽，把这些资产也包括进来，经济学家管这种货币叫M3、M4。如此一来，货币的流动性就太差了，也就丧失了分析效果，所以我们一般很少用到。

结 语

通过讨论M0、M1、M2三种“货币”的定义，我们可以发现：根据资产的流动性来界定“货币”所指代的范围，得出的货币数量会不同。范围越大，货币数量也就越大。目前，经济学家在探讨货币问题时，一般都会采用M1和M2来实际分析，而不会用M3、M4或M0来指代货币。这样就能精确地描述，避免很多误解。

流动性是现代货币的最重要特性。以后在讲其他问题（比如汇率和通货膨胀）的时候，我们再进一步深入讨论。

这些前来菜市场买菜的人并没有掏口袋翻找零钱，而是很习惯地用手机去扫收银处的二维码。我觉得，时代在飞速变化，经济学也需要跟着变化。微信和支付宝改变了人们的支付习惯，我们再也不必考虑“身上有没有带现金”“找给我的零钱是不是假钞”之类的问题了。

移动支付是货币的最新趋势，未来它是否会对现有金融形式形成挑战？未来的货币会变成什么样子？这些我们还不清楚。不过，好在菜市场里所有菜的标价是人民币，与微信或支付宝关联的银行账户里也是人民币，我们还是在用人民币作为价值尺度来做决定与选择。从这一点来看，我们与过去的经济还有联系，这多少让人宽心。

流传千百年的街头智慧

刚想离开菜市场，我就听到里面非常亲切的讨价还价声，于是忍不住往菜市场里多看了两眼。说实话，讨价还价是人类最自然的交易方式，全世界自然发展起来的市场都会采用讨价还价机制，而一口价的超市反而是现代社会才有的，出现至今也没多少年。

100多年前，一些在海外生活过的广东商人在上海南京路上开设了百货商店。百货商店最大的特点就是，全店所有商品都明码标价，绝不还价。当时，大多数上海市民都觉得不适应，觉得哪有买东西不允许讨价还价的？但百货商店坚持原则并经营了几十年，后来的很多商店也都跟着学，终于慢慢把消费者训练得习惯接受固定价格了。目前，大多数场景下的商品交易都已采用一口价机制。对于年轻人来说，讨价还价反倒显得有点陌生了。

很多商店也不是非得采用固定价格机制。有一种常用的灵活改变价格的方法，叫作打折，但打折的权力掌握在店家手里，消费者只能被动接受。比如，很多面包房在下午6点以后会对当天的面包打8折，消费者可以选择下午6点以前去购买全价的面包，也可以选择下午6点以后去购买打8折的面包，但是没有当面讨价还价的机会。

从经济学的角度来看，消费者是可以与店家好好谈谈的。比如，你下午五点半到了面包房，距离6点还有半个小时，打折还没开始，你可以与店主好好聊一聊，看能否以9折的价格把面包买走。还有半小时，这些面包有很大的概率会被放到6点以后以8折出售，而你提早半小时以9折的价格购买，也不用再等半小时，这笔交易对双方都是有利的。如果有定价权的老板在店里，那么他也一定会同意我的看法。

现在可以还价的地方太少了。与之相比，菜市场里面菜的种类太多，价格每天都在变动。自古以来，人们都用讨价还价的方式在菜市场进行交易。目前，菜市场是极少数可以当面还价的购买场所。

各种场景中的讨价还价（谈判）

谈判或者讨价还价会在各种场景里出现。比如，雇员和雇主之间就经常发生讨价还价的情况。你在找工作的时候，有没有跟未来的雇主商量过工资水平呢？你在一个私企工作了好几年，当迟迟不能升级或者涨工资的时候，有没有通过提出辞职来争取换得老板的挽留或涨工资呢？换一个场景，夫妻之间有没有讨价还价呢？每天谁买菜、谁做饭、谁洗碗，这些事情最终如何分配，是否经过了一个讨价还价的过程呢？或者，每天谁来带孩子，谁去送孩子上学，谁来辅导孩子作业，这些事情有没有进行过谈判呢？

我们再换一个场景。对于地方政府征上来的财政税收，中央政府希望能够提取一部分。因为中央政府需要大量用钱，很多时候还需要把这些财政收入转移分配到落后贫困地区。但地方政府也需要用税收来做很多地方上的事。这时候，地方政府和中央政府会如何谈判呢？我们可以将视野放得更广一点，目前中国和美国的贸易关系很紧张。有些人说，这是贸易战，但中美双方仍在努力不懈地谈判：你退一步，我也退一步，这样有没有可能最终达成一个皆大欢喜的协议呢？

所有这些场景都涉及讨价还价，这是流传千百年的街头智慧，也是一个诺贝尔经济学奖得主研究的出发点。

这个经济学家叫约翰·纳什，可能有不少读者都知道这个名字，电影《美丽心灵》反映的就是纳什的经历。他在20世纪50年代是普林斯顿大学的天才学者，年纪轻轻就在经济学和数学领域做出了不起的成绩。有一种研究工具，现在已成为经济学的基础研究方法，叫作博弈论，纳什为博弈论做出了最重要的奠基性工作。可惜纳什在发现重大研究成果后不久，就陷入了严重的精神分裂，他与精神分裂抗争了几十年，竟然在20世纪90年代奇迹般地康复了。1994年，纳什因为他在20世纪50年代的工作而获得了诺贝尔经济学奖。

讨价还价是典型的动态博弈问题，也是博弈论最早研究的一种博弈问题。下面，我们就来看看纳什在讨价还价领域的研究发现。

讨价还价的运用：以工资谈判为例

我们就以员工与未来老板的谈判为例。对于每个月的工资水平，员工和老板的内心各有一个保留价。当然，除了自己，谁也不知道对方的保留价是多少。员工的这个保留价是最低价，比如我每个月的工资不能低于8 000元，如果工资低于这个价，那么我连饭都吃不起，因为还要付房租。所以，8 000元是底线，如果我拿不到8 000元，我就去别的公司应聘。当然，工资越高越好，但绝不能再低。从另一方面来看，老板也有一个保留价，即他预备支付给员工的最高价，比如20 000元。老板经过计算，每个月20 000元是他能为这个员工支付的最高价。如果员工要价更高，那么老板只能放弃。

于是，员工和老板就在这个基础上开始谈判。所谓“漫天要价，就地还钱”是指：首先，员工狮子大开口报一个高价，比如月薪35 000元；然后，老板大吐苦水，报一个超低价，比如月薪3 500元；最后，双方在这个基础上开始谈判。

但这里有一个问题：假如员工的心理保留价位高于老板的心理保留价位，怎么办？如果员工能接受的最低月薪是25 000元，而老板能给出的最高月薪是20 000元，那么谈判肯定谈不下去。在谈判过程中，老板会努力提高报价，比如10 000元、15 000元、18 000元，逐渐逼近自己的最高心理价位。可如果员工死死咬住25 000元不松口，那么双方最终只能不了了之。

只要员工的心理保留价低于老板的心理保留价，双方就有得谈。员工从35 000元开始把报价逐渐压低，当压到低于20 000元的时候，老板就会松一口气，觉得这个谈判有机会。反过来，老板会在3 500元的基础上不断加价，等报价超过8 000元时，员工也会松一口气，认为这个谈判不会失败。但最终的成交价格是对员工更有利还是对老板更有利，就要看双方的谈判态度和技巧了。

讨价还价是谈判双方瓜分蛋糕的过程

我们可以换一个角度来看这个问题。假设员工的自我定位是

8 000元，如果这次谈判不成，那么员工会再去别的地方投简历。假设老板的预算是20 000元，如果这次谈判不成，他就相当于省下20 000元，可以用这20 000元另外找个人。

我们把员工和老板各自的保留价格叫作威胁点，也就是双方一拍两散后的经济水平。然后，我们把8 000元以上20 000元以下看作一块蛋糕，讨价还价就是两个人分这块蛋糕的过程。

讨价还价有一个终点，就是双方各自退让最终达成的共识，这个共识决定了这块蛋糕如何分配。双方通过不断让步来分蛋糕，如果一方让步更多，另一方就能分到更多。

在这个老板与员工谈判的例子中，结果更倾向8 000元还是20 000元是由很多因素决定的。

首先，谈判的结果跟各自的底线（威胁点）有关。如果员工的心理底线很低，他就会想：我要这么低的价格你都不肯给我，我到哪儿不能赚到这个工资，非得来你这里？这样员工就会很有底气。反过来，如果老板的心理底线很高，他就会想：我一个月开20 000元，什么样的人找不到，你凭什么来跟我谈判？这样，老板的底气就足了。所以，双方的底线可以看作各自谈判的筹码。

其次，谈判结果与谈判能力有关。这里的谈判能力可以理解为耐心，或者对这块蛋糕的贡献。如果员工很有耐心，不急着找工作，而老板却急着找人来工作，那么员工在谈判中便有优势。

如果员工明白这个工作是个手艺活，一般人干不了，员工就有谈判优势。比如，在狭窄的仓库里开叉车，要把一个个箱子精准地运送、堆放到几米高的位置。这不是一般人能干的活，这时员工就一定能在分蛋糕时争取到更大的一块。

有时限的谈判：以买菜为例

上面是一种谈判的分析思路。在现实中，有时候我们的谈判时间是有限的，所以我们往往会采用轮流报价的方式，不可能坐下来花很长时间慢慢磨合，这时候我们就要换一种分析方法。

以买菜为例。作为顾客，你先问摊主一个价："西红柿多少钱一斤？"摊主报价："七块钱一斤。"看你接受不接受，如果你不接受，你就需要还价："这也太贵了，四块五一斤吧！"摊主马上拒绝，犹豫一下："给你便宜一点，六块五吧。"你咬紧牙关："五块吧。"就这样，双方来回拉锯。但最终决定价格的因素有哪些呢?

经济学家研究发现，决定结果的关键因素有以下几点。

第一，谈判中谁先出价。一般来说，先出价的人略吃亏，后出价的人有"后动优势"，这种优势随着出价次数增多而逐渐削弱。

第二，谈判有没有最后时限。这是一个重要因素，如果双方可以无限次地谈，后动优势就不存在了。但在现实中，无限次谈判是不现实的。你买完菜还得回家做饭，不能把几个小时的时间都花费在买菜上。而卖菜的人除了做你这笔生意，还得招呼其他顾客，一直跟你谈判下去就没法做其他生意了。所以，双方都有时间限制，这就引出下一个关键因素。

第三，谈判双方谁更有耐心。在买菜的顾客中，老年人比年轻人更不看重时间，所以更有利；在卖菜的摊主中，没什么生意的摊主更有耐心，会花更多时间跟你谈判。讨价还价最终比的是耐心。

第四，谈判还可能有固定成本。比如，摊主在临近收摊的时候，可能就没有什么谈判资本。因为他赶着回家，而这些菜又没法过夜，到明天可能就得扔了。考虑到这一点，很多有经验的人总赶在菜市场收摊前去买菜。

从以上这些分析中，我们可以得到一个基本结论：一个人越没有耐心，他从讨价还价中得到的收益就越少。年轻人往往没有耐心，这也是他们买菜的价格总比老年人高的主要原因。

话说回来，很多年轻人并不是这样算账的，他们买菜时不怎么讲价也有自己的理由。第一，每个人的机会成本不一样，年轻人的机会成本更高。讨价还价需要花费时间、精力，年轻人的工作忙、收入高，对他们来说，最宝贵的就是时间和精力。他们情愿多花点钱来买菜，用省下的时间来看电影或睡觉。第二，买菜并不是一锤子买卖，只要价格合适，自己就会经常来这个摊位买菜，要是实在谈不拢，下次就不来了。摊主考虑到长期合作，总会稍微让步。

结 语

讨价还价确实是最精彩的交易方式，整个谈判过程充满了智慧和技巧。有时候，我们需要在谈判中争取更多的利益，比如在和老板谈工资的时候。另一些时候，我们需要尽可能缩短谈判时间。比如，有些夫妻要离婚，但在如何分配财产上无法达成共识。最终，双方就算谈妥了，可多年的岁月也浪费了，这是多么可惜啊！

看着菜市场里讨价还价的人，不同的人有不同的技巧，我们可以从中学到重要的经济学知识。讨价还价是一个人必须长期修炼的功课，也是流传千百年的街头智慧。

白领的收入真的比蓝领高吗

菜市场隔壁有一家小饭店，我们可以看到墙上贴着招工广告：月薪4 000元，包吃住，等等。好像这种招工广告时不时就会出现。毕竟我周围这些小店的换手率非常高，不同的老板需要不同的员工。同时，一年四季的生意也不平均，它们节假日非常忙。此外，员工离职率也非常高，小店的工作太辛苦，年轻人往往受不了这种苦。

每个月的收入一定是绝大多数人最关心的问题。很多年轻人甚至在进入大学之前就已经在盘算这个问题了。我自己在财经类大学教书，学校往年招生的分数都非常惊人，几乎可以赶上本地最顶尖学校的分数。但是，我们学校最近招生的分数突然大滑坡，比以往低了数十分。据专家分析，主要是因为近几年证券金融行业开始出现不景气的征兆，学生预期四年后的收入会降低。报考财经类学校的学生一般都很实际，既然预期收入降低，他们就不报了，反而去读计算机等专业。

所以，蓝领有蓝领的盘算，白领有白领的盘算，相互之间还有复杂的鄙视链。不过，大家都希望工资越多越好。那么，人们在现实中如何实现这个目标呢？白领的收入是否一定就比蓝领的高呢？为什么多读了几年书的人就应该获得更高的工资收入呢？决定工资的具体因素又有哪些呢？我们就一起来思考一下。

行业与企业规模

我手头有一张1989年的《工人日报》，里面有一篇文章叫作《上海收入畸形偏高的十种人》。

这篇文章显示，20世纪80年代末，上海有十种职业的收入出奇地高。我们可以猜到其中一些职业，比如个体户、合资企业的中方负责人、乡镇企业的承包者、在横向联营企业兼职的国有企业的领导。因为当时是计划经济体制的转型时期，这些职业有了致富的机会。

而另一些收入特别高的职业可能是我们现在想象不到的，比如涉外旅行社的导游。为什么导游的收入会高呢？第一个原因，他们可能有小费；第二个原因更重要，他们有机会私下兑换一些外汇。还有一个收入很高的职业是出租车司机。20世纪80年代末，出租车司机的年收入一般在5 000元左右，如果能做涉外生意，年收入就有上万元，而当时上海市民的平均年收入还不到3 000元。

目前，很少有人会觉得导游和司机是令人羡慕的高薪行业，否则大家也不会蜂拥地去读金融和IT专业。但是，这个例子足以说明行业是非常重要的。

所谓“男怕入错行”，不同行业有不同的收益率。从中国这几年的收入水平来看，金融业的收益率最高，农业的收益率最低，两者的平均水平相差7倍之多。当然我们知道，金融业内部的收入差距很悬殊，农业内部的收入差距也不小。但从统计上说，只要你进入金融业，你的收入水平就会比进入农业高很多倍。

当然，我们也要注意一个行业收入的动态变化。例如，出租车司机这个职业在30年前是令人羡慕的高薪职业，现在却变成了一个普通职业。各家网约车公司在各大城市希望只招募有本地户籍的人来开车，却根本招不满，因为有本地户籍的人大都不想出来开车。最终，开车的基本都是外地人。现在，全国很多地方的中学生和他们的家长用脚投票，不再看好中国未来金融行业的就业环境和工资收入。他们的看法是否准确呢？我们过几年可以好好检验。

除了宏观层面的职业类别，一些微观层面的因素也会影响个人的收入水平，其中经常被讨论的问题是公司成长性或公司规模。

如果你在网上搜索“我应该进一个大公司还是小公司”，那么你一定会找到千万条答案。正反两方面的意见都有，而且看似都有道理。支持进入创业公司或者小公司的人表示，伴随企业一起成长极为重要。很多例子可以证明，比如一个普通人跟对了创业的老板，待公司上市，自己也会变得身价千万，而在大公司里就很少有这种机会。一个人只有在小公司才有机会独当一面，才能处理很多大公司不可能遇到的事。而主张进入大公司的人也有充分理由：大公司管理规范、分工明确，人们可以从中学到规范的企业制度。

这个问题没有统一的答案。经济学家发现，对于快速发展和扩张时期的公司而言，公司发展速度与高管的收入水平密切相关，确实存在很强的激励效应，但是普通员工能否分享到快速发展公司的红利就很难说了。另外，并不是所有快速发展的公司都成功地走向飞黄腾达，更多的企业在这一过程中失败了。所以，在考虑个人收入问题时，我们还必须附带思考公司未来存活的概率。

除了行业和企业规模两方面因素，我们再来看一下还有哪些个人因素与工资水平有关。

决定工资的个人因素

决定工资因素的首要一点，也是最容易想到的一点，就是个人的学历背景。我们通过日常经验可以知道，一个人的学历越高，其收入就越高。名牌大学毕业的人收入会更高，这就是大家想尽办法都要上名牌大学的原因。

经济学家把一个人的教育水平赋予一个专门的概念，叫作人力资本。一个人的学历越高、学校背景越好，人力资本也就越高。

总体而言，人力资本与收入成正比，但也不是绝对的。大学毕业生的平均收入高于高中毕业生，硕士毕业生的平均收入高于大学毕业生。但是，博士毕业生的平均收入并不显著高于硕士毕业生，因为在很多用人企业看来，博士读书读得太多，已经是过度教育了，很多工作不适合博士来做。如果把读博士的时间成本算上，那么单纯从经济角度来考虑，读博士是亏本的。

2000年以前，根据一些美国经济学家的估算，在人力资本上投资是回报率最高的投资。当你手里有一笔钱，并且不知道应该买房还是买黄金时，你可以将钱投在孩子身上，让孩子接受更高水平的教育。孩子毕业以后的工资很快就能把成本收回来，这是非常稳妥的投资。

中国人一直都非常重视教育，在实践中也是这么做的，但这种投资策略在最近十多年遇到了一些问题。中国的教育成本飞速上涨，连带着国外很多名牌学校的学费都翻了几番。如果家长再拼命往孩子身上投人力资本的话，能否收回成本就有些难说了。

最近，我看到有些年轻人在抱怨，父母早早把他送出国——本科4年再加上两年的硕士，每年的学费、生活费高达六七十万元，6年下来总投资在400万元左右。而他回国后却很难找到年薪20万元的工作，有个年薪10万~15万元的工作就不错了。这样一来，他想在退休前把出国读书的钱赚回来是很不容易的，所以他觉得父母做错了这项投资决策。

人力资本是一个很复杂的话题，我们以后再进一步讨论。接下来，我们讨论另一个在很大程度上会决定工资却很少被讨论的问题，即歧视问题。

歧视与对歧视的研究

所谓歧视，就是一些人对另一些人的某些特点以不公平的眼光来对待，从而给另一些人造成损失。

恐怕我们每个人都经历过各种各样的歧视。以最常见的性别歧视为例，工作过的女性多半体验过歧视。在应届大学生找工作时，男性普遍比女性吃香，因为用人单位普遍担心女性入职不久就会怀孕、生孩子，从而影响正常工作。可在现代社会，大多都市白领会延后结婚和生育的年龄。在北京和上海，男性初次结婚的平均年龄都已推迟到30岁以上，女性初次结婚的平均年龄也快接近30岁，平均生育年龄就更晚了。如此一来，女性从20多岁到30多岁，只要没有生育，换工作时就会受到歧视。年龄越大，她们受到的歧视就越严重。

这种性别歧视往往并不会直接表达出来。比如，你向一个公司投简历，面试你的人事部经理考虑到你的性别可能就不想要你了，但他不会直接这么说。他会先挑剔你的简历，告诉你专业不太对口、实习经验不够、读书期间某一门考试没考好之类的。总之，他会找个理由来拒绝你。你明明知道他就是性别歧视，但又挑不出什么毛病。

我们现在知道，很多经理人在招聘时都有奇怪的癖好。有的人自己是某个学校毕业的，所以也要招同一个学校的，歧视其他同类学校的毕业生；有的人自己是海归，所以一律不看本土学校的毕业生；还有的人迷信星座，招人时主要看对方星座与自己的合不合……各式各样的歧视都有，大家也都明白，但不好明说。

为了研究这类歧视问题，经济学家设计了很多办法，其中最有名的一项研究，是哈佛大学的穆来纳森教授做的。他写了一本书，书名叫作《稀缺》，这本书值得一读。他当时打印了数千份一模一样的假简历，其中一半的简历用了典型的黑人名字，另一半则用了典型的白人名字，两种简历分别留下不同的电话。然后，他根据招聘网站上的信息，把几千份简历都投了出去。没过多久，他的两个电话就陆续收到一些公司的面试邀约，他认真统计了两个电话分别收到的面试邀约，结果发现白人要比黑人收到多得多的面试邀约。这两份简历一模一样，不存在其他任何差异，那么导致面试邀约差异的唯一解释就是，人们对黑人存在种族歧视。

他的这项研究轰动一时，第一次非常明确地揭示了种族歧视的存在，并且在数量上明确了歧视的程度。这项研究也启发了其他经济学家，后来出现了很多类似研究。最终，研究表明：歧视广泛存在，而且影响深远。很多人都抱有成见极深的歧视，只是自己不愿承认罢了。

职场里肯定存在性别歧视、年龄歧视，也许还有地域歧视等其他歧视。过去，劳动者都致力于追求“同工同酬”，但这个概念放到今天变得有些过时了，因为今天的工作性质更复杂，很多企业家完全可以接受“同工同酬”，但会利用歧视的方法造成“不同工不同酬”的结果。女性经常会感受到职场上存在“透明天花板”——自己再怎么努力，好像就是升不上去，也很难拿到更高的工资。很多时候，这些都可以由歧视来解释。

结　语

看着小饭店门口的招工广告，我会想到很多，真没有哪一项工作容易赚到钱。每个人在进入职场之前都要先接受很多年的教育培训，有时教育培训本身就是亏本的。在工作的时候，除了做好本职工作以外，每个人还要考虑自己是否选对了行业、企业，如果选得不好，就不会有很好的收入回报。哪怕我们把这些因素都考虑在内，还有可能遭遇看不到的“歧视”，从而减少自己应得的劳动收入。

消失在人群中的外国人

走过一个个小饭店，我来到一家泰国餐厅，准备坐下来吃饭。上海是一个国际性都市，在这里，我们不用出国就能吃到高水平的泰国菜、越南菜、韩国菜、印度菜、意大利菜、西班牙菜等等。我会看外国人写的上海攻略，因为有时他们对上海新开了什么国际餐馆比我们更清楚。

坐下之后，我发现周围的顾客里有不少外国人，桌上的菜单也贴心地同时标注了中文、泰文以及英文。招呼我的服务员是个青年白人女性，会说英文和一点中文。很显然，她并非出生于中国，但她就这样漂流在外，也不觉得自己有多特别。

上海有数量庞大的国际移民，有各个国家、各种层次的移民，他们拿着不同性质的签证进入中国，然后就消失在人群中。我很关心一个问题：上海有多少居住6个月的“准移民”？这个问题没有很好的答案，也很难深入研究。

统计数据显示，常住上海的外国人有20多万，但我觉得这个数据被严重低估了。上海还有很多未被统计的外国人口，加总起来四五十万恐怕是有的。因为移民和游客在外观上很难区分，就像中国的留学生到了国外，哪怕已经待了好几年，走在路上仍经常被当作游客，道理是一样的。

同时，国际移民又有自己的行为特征，有自己的活动圈子。对普通人而言，国际移民经常是不可见的。有次我去看一个印度电影的首映式，有明星出席，现场一下子涌现出来数百个印度人。在此之前，我还从来不知道上海有这么大数量的印度人。

人口的迁移

在上海，长期居住的外国人或者外地人都属于移民，对移民的研究是经济学里的经典问题。在经济学中，我们如果采用最抽象的方法把研究对象进行分类，就可以将研究对象分为三大类：资金、商品和人。这三类对象都会流动，都会因为各种原因从一个地方流向另一个地方。分析这三类对象的流动过程是经济学研究中的核心课题。

但是，这三类对象的流动容易程度有所不同。资金是最容易流动的，早期金融手段的出现就是为了配合资金的流动。在文艺复兴时期，繁荣的地中海贸易常常需要将价值不菲的货物从一地运输到另一地，因为运输过程中充满了风险和不确定性，人们携带大量金银货币很不方便，于是就出现了银行的雏形。

金融系统发展到今天已经非常发达了。我们在购物时只要用支付宝或微信一扫，资金就会从一个账户移动到另一个账户。如今，所有系统都已联网，资金的国际流通也不是一件困难的事情。我发现，一笔资金从一处转移到另一处的过程需要比较长的时间（比如银行之间的互相转账），这绝不是因为技术上存在障碍，而是中间商有意设置阻碍，以增加资金停留在流通渠道的时间，从而有机会利用时间差来取得盈利。

与资金流动相比，商品流动存在一些困难。因为商品有其物理重量和物理体积，并且商品从一地运输到另一地必须通过实打实的物流系统。好在这些年中国的快递行业和电子商务行业投入了巨额资金来提高物流水平，极大地降低了物流成本。如今，我们在网上买的东西隔天甚至当天到都很常见。中国境内商品流动的速度和便捷程度，放在全世界都首屈一指。

最后一个研究对象是人口流动，人口是三种对象中最难流动的。如果人口流动只是人本身的流动，倒还好，因为人既可以坐飞机，也可以坐火车，比商品的流动也慢不了多少。但关键在于，人的流动还需要考虑一系列问题。比如，人不管流向哪里总是需要住宿的，会涉及房屋租售市场的问题；又比如，人为了生存总需要收入，这会涉及劳动力市场的问题，而且人不是原子化的个体，还需要考虑自己的伴侣、孩子或者父母的问题。假如一个人换了工作城市，其另一半能否在新城市找到合适的工作？孩子能否在新城市顺利入学？这些都是个人需要权衡的问题。

猎头对这些问题最清楚，现在很多大公司在挖人时都是放眼全国乃至全世界。如果一个人有能力，那么公司不惜重金也要将他挖过来。但公司在挖人的同时也会考虑他的生活问题，要解决其后顾之忧。比如，公司会把这个人的家属一同挖过来并安排一个体面的工作，帮他的孩子进入本地最好的学校，帮他解决本地户口，等等。所以，人的流动一定比资金流动、商品流动更复杂，因为人的流动是一系列问题的总和。

中国人在国内的流动如此，而外国人到中国工作变成国际移民的情况可能更复杂。我碰到过很多外国人向我打听，到上海来能不能用英语叫出租车？能不能用英语点菜？生存会不会遇到困难？我每次遇到这种问题就很为难。根据我的经验，上海的出租车司机很难用英语沟通，上海大多数饭店里的服务员也不会说英语。从这个角度来看，上海的国际化程度比曼谷、马尼拉这些城市要逊色不少。但与此同时，我也确实看到不少不怎么会中文的外国人在上海生活得如鱼得水。不同人对生活方式的理解终究是不同的。

移民的工资

一个现代化、国际化的城市总是要接受外来移民的，包括本国外地的移民和外国的移民。中国是一个对国际移民异常保守的国家。有人开玩笑说，中国护照可能是全世界最难获得的护照。而这些年来，全世界都出现了对待移民的保守主义倾向。例如，上海希望把总人口控制在2 500万以内，所以只接受所谓的“高素质”外地移民，拒绝从事体力劳动的“低素质”移民。而美国自从特朗普上台后也是这样的，不断地收紧移民政策。

经济学家很早就在尝试着回答这样的问题：大规模移民如何对本地的经济产生影响，他们是否会直接影响本地劳动力市场？或者更具体一点，外来移民是否会提高本地人口的失业率，或者降低本地人口的工资水平？这些问题虽然很直接，却很难回答。一些人认为，外来移民会对本地人群不利，但也有一些人并不同意。最后，这个问题演变成了一个经典的经济学公案。

1990年，美国伯克利大学的学者卡德撰写了一篇论文。他讨论了20世纪80年代大批古巴难民拥入美国南部这个案例，分析了古巴难民拥入美国迈阿密后对迈阿密劳动力市场的影响。他的研究过程很复杂，我们直接看结论。他的结论是，大量古巴移民拥入，并没有对迈阿密本地劳动力市场造成显著影响。反而，迈阿密的经济变得更繁荣，失业率下降，工资上升，移民给本地人带来了很大好处。

但是，另一个经济学家哈佛大学的鲍尔斯教授并不同意卡德的看法。他认为，大量古巴移民拥入迈阿密，在之后的几年里，就会把大量原本居住在迈阿密的居民“挤”到其他城市。当然，每个人都有迁移的自由，这些迈阿密人并不是被强迫赶走的，只是因为他们不习惯或者不喜欢继续在这个城市里生活，主动选择去了其他城市。这些迁走的人没有享受到迈阿密的经济发展，而卡德在研究中忽略了这个重要的群体。

很快，卡德又做出反击。他认为，鲍尔斯的批评高估了外来移民对本地居民的影响。卡德做了更细致的研究，结果表明，即使是在低端劳动力市场上，也就是体力劳动者市场上，外来移民也没有对本地居民的就业机会和收入水平造成显著的影响。此后，鲍尔斯和卡德又继续写论文，争论了好多个回合，这场争论延续了20多年。

但是，他们也在争论过程中逐渐达成一些共识。他们都承认外来移民对本地居民的就业有一些影响，他们的分歧只是影响大小。他们都发现，影响本地居民工资的最重要因素是劳动力需求，而不是劳动力供给。也就是说，外来移民对经济的影响是很小的，本地经济主要还是看本地的产业发展水平。

这个经济学争论给我们带来很大的启发：外来移民既是一个大问题，又不是一个大问题。只要本地经济结构合理，经济发展水平不断提高，开放外来移民就能给本地经济带来好处，也不会影响本地居民的就业。中国在制定自己的移民政策时，值得从中借鉴一二。中国不少的边境城市现在已经有数量庞大的移民，只要好好设计经济发展模式，这就是一项极有价值的资源。

与移民有关的社会问题

我们知道，移民不仅会影响劳动力市场，也会产生其他方面的社会影响，尤其是社会福利方面。现在，我们在有关“限制移民”的讨论中经常听到的观点就是，“移民会侵蚀本地人的社会福利”，这里的福利主要包括老人养老、医院看病和儿童教育几个方面。

我们确实看到上海的医院总是人满为患，也经常听到一些家长抱怨上海的很多教育资源都被外地人给抢走了。这些观点是否可靠？大家不妨先想一想。这些问题很重要，我们在以后会深入讨论。现在，我想讨论一个较少被人关心的问题，即社会融入问题。

经济学家的研究表明，一个外来移民在本地生活得是否快乐、满意与他对这个城市的融入程度有关，而他与这个城市的融入程度又与他的社交网络、掌握语言能力等因素有关。美国现在有500万左右的华人，据说其中的300多万华人在家并不说英语，只说普通话。而在所有华人中，25%的人基本不会说英语，必须生活在华人聚居区，或者与亲人生活在一起。毫无疑问，华人不掌握英语就不可能融入美国的日常生活，也没法结交其他背景的朋友，其生活质量一定会受到影响。

有的学者喜欢使用“社会融入”的概念，另一些学者喜欢使用“身份认同”的概念，两者的作用都是相似的。经济学家知道这些问题很重要，但研究起来困难重重，其中最主要的原因就是，这些概念都很难从外部“观察”到。比如，我们可以根据一个人的衣着打扮、言行举止来了解他的很多信息，甚至可以根据一个人每年的缴税来判断他的收入，但我们很难通过观察来了解一个移民对城市的“身份认同”。

困难归困难，研究还是要进行的。现有的研究发现，一个移民要对本地产生身份认同，比他在本地获得不错的收入所花费的时间要长得多，有时甚至需要不止一代人的时间才能形成身份认同。但问题在于，现代社会变化的速度太快，很多有移动能力和移动意愿的人在职业生涯中会不断迁移。如果迁移次数多了，他们与本地的连接与认同自然也就削弱了。

在上海2 400万人口中，接近一半的人并非出生于上海。上海话在上海这座城市的影响力在持续下降，外来的移民几乎没有学习上海话的意愿。这些现象说明，外来移民对上海这座城市本身的认同非常薄弱。从短期来看，上海的经济发展没有太大问题；但从长期来看，由于缺乏身份认同，上海的经济和社会的长期发展令人隐隐担忧。

结 语

这家泰国餐厅所在的位置是上海过去的法租界。我坐在这家泰国餐厅里，周围的外国人说着英语、法语，有那么几个瞬间让我觉得有些恍惚——我现在到底在哪里?

出租车司机宰客是国际惯例吗

我在餐厅里翻阅手上的菜单时联想到很多。以前去泰国，在那里吃饭的时候，服务员会准备两份菜单——一份泰文、一份英文。由于不认识泰文，我只能看着英文菜单来点菜。但我很快就明白，英文菜单上的标价要比泰文菜单标价贵。但没办法，你不认识本地文字，只能按照贵的那本菜单来付钱。我的朋友每次遇到这种事情都很生气，我倒是习惯了。曾经有一个外国人跟我说，你到我们国家被歧视很正常，因为我到你们国家也会被歧视，所以这是公平的。

不管怎样，商家针对不同的人开出不同的价格，当然是一种歧视。可偏偏这种歧视往往很隐蔽，很难甄别和确认。我们对此可以不生气，但还是希望能把它搞清楚。好在我所在的这家泰国餐厅，把各种语言都印在了同一份菜单上，人们可以相互参照，不必担心自己被收取了更高的价格。这是一种比较公道和透明的定价机制。当然，商人有很多招数，总会利用一切信息来争取更多的收益，经济学家从中也学到了很多。

出租车司机的歧视

我们之前介绍过哈佛教授穆来纳森通过制作假简历来测量歧视的研究，这是一些公司在招募员工时的种族歧视。在不同场合，大家会用不同的方法来歧视。实验经济学家就曾针对性地发明了很多新方法来研究歧视问题。

想必每个人都有在外地坐出租车被宰的经历吧？人在外地，人生地不熟，也不懂当地规矩，被宰恐怕是免不了的。不要说外地，就算我常住上海，在上海打车有时也会被宰。

上海的虹桥火车站有一南一北两个出口，看起来很近，但这里就是一个著名的宰客陷阱。司机从北出口出去后就会看到高架桥，一直要开出去十余公里才能走上通往市区的正路。如果你要往南走，有的司机就会装傻从北出口离开火车站，然后跟着导航走，这样同从南出口走相比至少多收你30元。当你质疑他时，他会表现得很无辜：我就是先离开火车站，一路跟着导航走啊，我怎么知道两个出口还有差别呢？其实，这就是歧视，不明真相的乘客少说一句话就会被多收取30元。

现在，好在有了滴滴打车、GPS（全球定位系统）导航，我们可以在手机上看到行进的路线，可以大致判断出合理的价钱。在这些软件发明之前，信息不对称更严重，宰客现象也更严重。毕竟路线、距离没那么容易估计，每天的交通情况也不一样，所以有时自己也搞不清楚是不是被宰了。

司机宰客是因人而异的。上海的出租车司机中很少有上海人，以前为了沟通方便，我上车会说普通话。但后来我意识到，他们会根据乘客的口音来选择不同的交通路线，之后我上车就只说上海话了，装得连普通话都不会说，免得被误认为是外地游客，而给自己带来不必要的损失。

出租车司机根据乘客的外表和口音来判断是否宰客，这一点似乎是国际惯例，但很少有人证实这一点。如果你向司机打听，那么没有一个司机会承认这一点。于是，几个欧洲经济学家就尝试通过实验来验证这一点，他们选择在希腊做实验。

首先，他们招募了一个会说本地方言的年轻人，让他每天在同一时间段、同一地点打车去同一个目的地（当然，他每次在路边扬手招到的出租车都是不同的）。这个年轻人有两套装扮轮流替换：一套是休闲装，外加一个大旅行包；另一套则是西装革履，外加一个公文包。上车后，年轻人也有两套话语，一套是英语，另一套是本地方言。

年轻人口袋里装了个GPS，会记录每次的行程。年轻人打了数百次车，每次的车钱都有一些变化，经济学家经过计算得出了两点结论：从统计结果来看，年轻人背旅行包时被绕了更远的路，被收了更多的钱，年轻人只说英语不说本地方言时也被收了更多的钱。这项研究证实了大家一直以来的猜想：出租车司机会多收外地人的钱。

这里讨论的歧视都充分地利用了信息不对称。假如个人对消费对象知之不多，或不如商品供给者掌握的信息多，商品供给者就可以利用这种信息不对称趁机收取高价。比如，在菜市场里，摊主对外国人的开价要高于本国人，因为外国人不如本国人熟悉价格。出租车宰客也是这个道理。

医生的歧视

信息不对称最为严重的两个领域是医疗和教育。这两个领域一个针对老人，一个针对孩子，令人头疼。经济学家很清楚这一点，可至今也没有找到好的解决办法。因为这两个领域都涉及太多的知识，每个人都不可能花大量的时间去学习从而变成医生或者教师。认清现实以后，我们只能把自己的身体托付给医生，把孩子的教育托付给教师。

医生有自己的职业道德，但是医生也是人，也可能有私心，也可能会利用信息不对称来谋取一些私利。我们知道医生的工作十分辛苦，每天工作时间极长，账面收入并不高，每天还要应付各种缺乏耐心、不讲礼貌的病人。所以，有些医生可能会通过一些表面合理、合法的手段，为自己增加一些收入，比如多开一些昂贵的药，自己从中获取一些回扣。这些昂贵的药往往都有便宜、等效的替代品，医生为某些不知情病人开出昂贵的药也是一种歧视。当然，有些贵一点的药是可以用医保报销的。如果药可以报销，医生在开药时就更没有这些顾忌了。

这些只是我对医生行为模式的猜想，一位经济学家很勇敢地用实验方法证实了这一点。这个实验只有在北上广这些大城市才能开展，因为只有这些地方才有足够多的医院。为了做这个实验，她必须亲自上阵：她一半时间就医带着北京本地的医保卡，另一半时间冒充外地病人，并一趟又一趟地往医院跑。她每次都去不同的医院排队挂号，然后到医生面前装病、咳嗽、描述一模一样的病情，最后希望医生开药。

这种实验只能由一个人完成。因为换一个人，情况就不一样了，医生的判断也会不一样，我们就没法拿来比较了。最终，她一个人跑了上百次医院，采集到足够的样本数据。数据结果表明：当她拿着北京本地医保卡看病时，医生经常顺理成章地开一些贵的药；而当她以外地人身份去看病时，医生就会手下留情，少开一些贵的药。所以，医生确实会根据病人的情况有条件地进行价格歧视。

价格歧视

前面我们讨论的都是隐性的、难以观测的歧视，接下来再看看显性的歧视。提供商品的厂商会明确向不同的消费者开出不同价格，这就叫作价格歧视。价格歧视可以分为三类：一级价格歧视、二级价格歧视和三级价格歧视。

第一类是一级价格歧视，就是厂商根据每个消费者的不同来量身定做、制定不同的价格。这可能是每个厂商梦寐以求的事情，因为这样做能收到最多的钱，但在现实中很难实现。如果葱油饼摊主对每个顾客收不同的钱，那么大家一定会吵起来。作为厂商，你也很难限制消费者转卖，因为无处不在的黄牛或淘宝一定会让一级价格歧视失效。所以，我们在这里就不多谈一级价格歧视，主要来看看另外两种价格歧视。

第二类是二级价格歧视，又叫数量歧视，就是厂商根据消费者购买的数量给予不同的价格。我们有时在超市看到标签标注着一个价格，旁边同时标注“买三送一”；我们有时也会听到卖东西人的吆喝“一个四块，三个十块”；等等。这些都是数量歧视的表现。当然，这里所说的数量歧视的前提条件是商家不会任意改变商品的初始定价，但商家在现实中往往不是这样的。很多商家都会有意把价格先调高三分之一，然后以买三送一的方式进行销售，这样商家实际获得的收益就没有变化。很多商业研究已经证明，这种先调高价格后买三送一的定价手段，反而比原先定价的销售效果要更好。因为从心理上看，消费者总会贪图便宜，尽管最终的结果也不便宜，但占到便宜的心理快乐是实实在在的。这就是商家的定价秘诀，也值得消费者学习。

第三类是三级价格歧视，就是对两类不同人群制定不同的价格。以飞机票为例，同一个航班的经济舱，在不同时间的预订价格完全不同。同样是北京飞纽约，为什么有的人手里的机票要比另一些人贵一倍？你需要看看大家分别是什么时候订的机票。有的人可能提前大半年就订了，而另一些人是昨天刚订的，这里的价格差异就是三级价格歧视。

电影院最精通三级价格歧视这种定价机制。同样的电影在同样的放映厅播放，为何电影票的价格相差悬殊？因为电影播放的时间不同，而选择在不同时间段看电影的人的支付能力也截然不同。工作日早上9点的电影票一定非常便宜，因为正常上班、上学的人不会在早上9点出来看电影。此时电影院里空荡荡，空调开着也是开着，放一部电影也没什么成本，电影票能卖几张算几张。而周末晚上的电影票价格会达到峰值，因为很多年轻情侣仅周末有空出来看电影，晚上气氛特别好，票价贵一点根本算不了什么。从供需关系来看，周末晚上的电影票一定是供不应求的，票价一定会提高。

商家可以根据顾客需求的差异性来进行歧视性定价，这需要丰富的实践经验。比如，有些高级宾馆在顾客提前一个月预订时会给出两种选择。一种是可取消的预订，另一种是不可取消的预订，后者的价格往往要比前者便宜三分之一以上。粗看起来，这两种选择的优劣一目了然。一开始我认为，人们既然选择了要订酒店，又怎么会随意更改呢？后来我接触了一些商务人士之后才明白，他们工作中的不确定性实在太大，有时今天都不知道明天会在哪里，更不用说一个月后的安排了。所以，我再也不嘲笑那些情愿多付些钱也要保证预订可取消的人了。

结 语

我看着眼前的菜单，心慢慢放下来，终于可以安心吃一顿饭了。可以说，有了人，也就有了歧视。歧视无处不在，难以根除。免于歧视的感觉真的很重要，我们之所以在自己不熟悉的地方会紧张，主要就是因为担心歧视问题。很多时候我们甚至不是心疼被多收取的钱，而是无法接受自己被歧视、被宰客的现实。

深夜喧嚣的酒吧与不堪其扰的居民

泰国餐厅旁边是一个酒吧。现在是白天，酒吧的大门紧闭，一个人都没有。我每天晚上都会从这家酒吧门口走过，它总是特别吵闹。我甚至不止一次看到隔壁和楼上的邻居冲出来大喊一声：别吵了，人家要休息！

所有住户都害怕隔壁变成酒吧，酒吧的可怕程度远远超过一般的店。酒吧一般都在夜里营业，越是半夜，生意越好。周围无疑还住着很多本地居民，他们可能已在这里住了几十年，上了年纪的人或者正常工作的人在晚上尤其需要安静，所以附近居民会一直打110。警察来了以后，除了安抚一下居民并让酒吧里的人声音轻一点，似乎也做不了什么。等警察一走，酒吧又恢复了原样。

所以，居民的需求与酒吧顾客的需求形成了看似不可调和的矛盾。如何才能解决呢？

负外部性

经济学研究的对象是人的行为。我们在讨论个人选择的时候，很少思考个人的每一个选择是否会对其他人产生影响。并不是所有个人行为都只对自己有影响，有些行为可能会对别人产生影响。

比如，你一个人住，你在家里抽烟对别人不会有什么影响，也没人关心你的行为，你爱怎么抽就怎么抽。但是，你要跑到一个封闭的公共空间抽烟，就会对周围的人产生影响，别人就有意见了。所以，现在通行的制度是，只允许个人在开放的空间里抽烟。虽然你在马路上抽烟可能会对周围人有影响，但毕竟马路是开放空间，讨厌抽烟的人走开就好，这种行为能被接受。

我们把个人选择对其他人的福利产生影响的情况称作外部性。如果个人选择对其他人的福利产生了不利影响，这就叫作负外部性。

污染就会产生负外部性。以汽车为例，购买汽车、购买什么样的汽车以及是否选择开车上路，都是个人选择。而当你驾驶一辆传统能源的汽车上街时，汽车会排放尾气，会造成一定的空气污染，这个城市所有走在马路上的行人都会受到一定的影响，这就是负外部性。

当然，每辆汽车排放的尾气对空气造成的影响不大，对每个行人造成的影响也不大，而对开车人福利水平的提高影响巨大。我们不应简单地以这个理由禁止传统能源汽车，但其外部性还是要算一算。

根据世界卫生组织的研究，噪声污染是仅次于空气污染且严重影响居民健康的污染，但它的影响被严重低估。城市的噪声每上升一分贝，高血压发病率就增加3%；在吵闹环境中生活的儿童的智力发育要比在安静环境中的低20%，他们的免疫功能较低，身体各种营养素的消耗量也更多。而中国有2/3的居民常年处于噪声污染的环境中，他们的生活质量非常糟糕。我们现在有比较明确的空气污染统计指标，却没有噪声污染统计指标，可见学术界还有很多重要的工作要做。

我们再来看看最近很热门的垃圾分类问题，它也涉及外部性。过去，我们比较注重对公共场所乱扔垃圾的管理，这是很典型的外部性问题。而现在，我们要更深入地思考垃圾处理的终端环节，这也存在外部性问题。

垃圾被运送到垃圾场后，一般只有两种处理手段：填埋或者焚烧。填埋就是把垃圾尽量压缩，然后深深埋入地下。环保专家认为，这只是一种逃避手段，地球的表面积有限，填埋并不能真正分解垃圾。还有一种手段就是焚烧。现在我们虽然有很高级的过滤废气技术，但无法完全避免燃烧产生废气。垃圾焚烧厂周围空气中的二噁英（致癌物质）浓度明显偏高，于是又出现了负外部性。

正因为有负外部性，各地居民都坚决反对在自家区域修建垃圾焚烧厂。只要听说计划建厂，所有居民都会跑去抗议。只要垃圾厂能搬离自己居住的小区，居民就不管了。垃圾焚烧厂是不得不建的，否则我们不可能消化如此大量的垃圾。所以，我们只能把垃圾焚烧厂搬到抗议压力最小的地方，而不是最适宜的地方。这就是负外部性给我们的生活带来的严峻挑战。

正外部性

当然，很多事物都有正外部性，只是我们不太能感知。

每次经过星巴克或者面包房，我们总能闻到里面飘出来的香味，这就是正外部性。我们没有为此付出金钱，但享受到了让人愉悦的香气。

再举个例子，路灯就是一种具有正外部性的商品。每天晚上，路灯以及办公大楼里透出的灯光，都极大地为路人提供了便利。大城市和小城市的一个重要区别就是晚间街道的亮度不同。路灯不可能向过路人收费，但所有过路人都从中免费得到了好处。路灯就是一种正外部性商品，我们希望它在生活中越多越好。

现在经济学界流行一种新的研究方法：用卫星拍摄的一个地区的夜间灯光亮度来评估这个地区的经济发展水平。在卫星图上，一个地区晚上越亮，它的经济发展水平就越高。这种方法被证明十分科学，比GDP（国内生产总值）之类的统计数据更准确，因为统计数据能造假，而夜间灯光亮度是确凿无疑的。

教育也是具有正外部性的。教育消费和吃饭消费不同。对于一顿饭来说，吃了就是吃了，你吃了的东西也没法再分享给别人。但教育不一样，你在网上买的课，虽然无法简单地转赠他人，但你可以把所学到知识转述给别人听，或者写下来给别人学习，这些都是教育者无法控制的。所以，教育具有显著的外部性，父母传给孩子，朋友传给朋友。在平均教育水平越高的环境里，知识扩散得越快。教育者看似只是教育了数量有限的学生，但知识就这样迅速地扩散开来。如果考虑教育对整体社会巨大的外部性，我们之前对教育投资收益的估算就有些偏低。

比如，媒体上经常讨论名人故居改造问题。北上广这些大城市里都有大量的名人故居，而且往往位于寸土寸金的市中心。在城市改造的时候，是否要保留这些名人故居就成为一件棘手的事。单从经济利益来考虑，如果把这些老房子拆除改造成新建筑，那么收益会很高。但是，新建筑没有外部性，老建筑才有外部性。老建筑可以让一代又一代的学生感受传统、触摸历史，这个外部性是针对全社会的，往往会被人忽略。

然而，对外部性的估计又是一件很难的事。举个例子，很多经济学教科书会讲，火灾是一件负外部性的事：你的邻居因为用火不慎导致火灾，火势可能会扩散到周围邻居，大家会遭受无妄之灾，这当然是负外部性。但有个朋友跟我说，几年前她家不慎发生火灾，家具什么都烧毁了，隔壁邻居也受到一点影响，还好没什么人员伤亡。处理完之后，全家人也无心再在这个房屋里住了，准备把它挂牌卖掉。原本以为火灾之后的房屋必然要打折，没想到却有买家愿意以高出市场价的价格来买。买家是南方人，认为火灾表示房屋的运势旺盛，对做生意的人有利。经过这么一番炒作，整幢楼的价格都提高了。负外部性最终神奇地变成了正外部性。

外部性的政府解决方案

外部性很难解决，尤其是不可能通过市场本身来解决。原因很简单，以负外部性为例，产生负外部性的收益由个人取得，而它所造成的成本却由全社会承担，两者的主体并不对等。以汽车为例，我平时不开车，但是走在路上，我必须承担所有汽车尾气产生的空气污染。只要出门，每个人都必须面对城市里的空气。

所以，我们就能理解中国为什么有那么多小工厂在不断地污染着我们的空气与河流。比如，化工厂、造纸厂之类的工厂污染都很严重，会产生大量的废水。按照规定，这些企业必须把废水处理到符合标准时才能排放，但是在现实中，这些企业都有很强的动机去偷偷排放污水。排放的污水会污染整条河流，会影响成千上万人的生活，这个代价需要所有人一起承担。而排放污水可以节省大量原本应用于治理污水的费用，这笔省下来的钱当然归工厂所有。只要你没发现企业在偷排污水，企业就有把治理成本转嫁给社会的倾向。我们知道，污水排放到河里再进行治理的成本可能比原来要高千万倍。但是，这种计算都不在企业的考量范围之内。

对于这个现象，经济学没有很好的解决办法，只有加强监督和处罚。从逻辑上说，我们可以有两种解决方案。第一种方案是，严格监督，绝对不允许企业排放一滴污水，逼迫企业在内部把污水处理掉。但这种做法很难，因为需要24小时不间断地在很大一片范围内监督企业的行为，这需要一笔不小的监管成本。第二种方案是，不监督企业，允许企业排放，但是要向企业收取高昂的税收。这笔税收就相当于把被污染河流治理好的成本。这个办法是英国经济学家庇古在一百年前提出来的，所以这种税收又叫“庇古税”。

外部性的私人解决方案

但是，监督、管理和收税都需要政府出面。政府确实有强制力，但是管理成本很高。就像酒吧邻居被吵得没法睡觉，只能报警。警察可以协调，但不可能一直在这里盯着。并不是所有问题都应该找第三方来解决。在这个例子里，双方如果能坐下来谈谈，那么可能更容易解决问题。

几十年前，芝加哥大学的经济学家科斯研究过这个问题，他写了一篇文章《社会成本问题》。后来，这篇文章帮助他获得了诺贝尔经济学奖，其他学者把他在这篇文章里的观点称作科斯定理。科斯定理的意思是，在某些情况下，外部性可以由当事人的谈判得到纠正。更具体地说，只要产权明晰，交易费用为零，那么无论初始产权被赋予哪一方，最终都能通过谈判得到有效率的结果，消除外部性。

我们还是以酒吧为例。假设初始设置规定，沿街商户有权利经营酒吧，邻居无权干涉。那么，邻居初始处于不利的地位，但是邻居可以和酒吧老板坐下来谈一谈，补贴老板夜里12点以后的营业损失，希望老板在晚上12点就结束营业。我们有理由相信，只要双方开诚布公地谈判，老板就会接受，因为老板不用营业就能拿钱，何乐而不为。如此一来，外部性问题就解决了。

但假如初始设置并非如此，而是规定沿街商户没有权利产生噪声，不得对邻居产生影响。那么，这时候老板处于弱势，邻居处于优势。老板可以找邻居来谈一谈，比如想营业到晚上12点，可以把晚上的利润分一部分给邻居，邻居如果觉得吵，那么也可以去外面避一避，等晚上12点后再回来。只要双方认真谈判，这点还是有希望谈成的。

科斯定理为私人解决外部性问题指出了一条明路。在一定条件下，产生外部性和受外部性影响的双方只要能坐下好好谈，就有可能消除外部性。政策制定者不需要关心最终谈判结果，只需要为谈判创造好的环境，让大家减少摩擦、多多谈判。

结　语

看着白天还没开门的酒吧，我在想，每个人都不是相互隔离的原子，而是生活在同一个社会的共同体，都离不开别人，也都会影响别人。相互影响是很正常的事，只要大家能坐下来谈，一起算算成本、收益，就没什么事是大不了的。

第 4 章

散步：经济学的应用

公园总是应该免费吗

午饭之后，我继续往前散步，自然而然地走入了一个街心小花园。这个小花园处于非常好的位置，而且不收取门票，每个人都可以随意进出。由于整个街区的老年人比较多，很多老年人都喜欢白天到这里散散步、聊聊天。小花园归政府所有，并不属于某个人。所有人都希望它能保持下去，毕竟现在适合老年人的免费空间越来越难找了。

但这个小花园平时没有管理员，有一些让人担忧的地方：有些人在这里休息之后，会乱扔一些垃圾杂物；有些人不注意公共设施（如桌子、椅子等）的维护，慢慢地它们就变得很脏；还有一些人在这里唱歌、唱戏，发出很大的声音，让另一些希望安静的老年人难以忍受，他们最终不得不离开。

似乎所有的免费设施都是这样的，一开始很好，可很快就变得糟糕：博物馆免费以后，大妈就会提着菜篮子到博物馆里挑菜；公园免费以后，就会变成流浪汉和很多地下交易的集中地。于是，有人建议，公园还是应该收一点钱，交了钱的人会更爱惜这些公共设施。是不是这样呢？

排他性与竞争性

经济学里有两个概念，一个叫作排他性，另一个叫作竞争性。排他性就是指某种商品的拥有者可以设定只允许付费的或者特许的用户消费，而其他没有付费的用户则被排除在外。我们日常生活中的绝大多数商品都有排他性。比如，你去咖啡馆喝一杯咖啡，如果你不付钱，那么咖啡馆可不会让你走。所以，咖啡馆的咖啡有排他性。

但是，宜家商场没有排他性。宜家商场提供了很大的公共空间，其最初目的是让购买家具的潜在客户能在真实的环境中看一看、摸一摸或感受一下。它不可能要求只有付钱买了家具的人才能进来。于是，我们就看到很多这类新闻。每年夏天，宜家商场成为避暑胜地。很多人进来就往床上一躺，一躺就是一天。工作人员劝阻也不是，不劝阻也不是。另一些老年人则把宜家餐厅当作了相亲角，每周在这里聚会相亲。宜家商场由于缺乏排他性，被迫承担了公园的责任。

消费商品的另一种特性叫作竞争性。竞争性是指商品数量肉眼可见的有限性。绝大多数商品都有竞争性。比如，面包房里的某种蛋糕一共就做了10块，卖一块少一块，假如今天有11个顾客想要买这种蛋糕，那么注定会有一个客户的需求无法得到满足。

餐厅每天能提供的服务总量也是有限的。如果不算翻台的话，那么餐厅里有几张桌子、几个包厢就决定了它每天最多能提供的服务量。很多米其林餐厅每天只能提供有限的就餐机会，所以网上预订非常火爆，其订单往往都排到三个月乃至半年以后，甚至还会出现一些买卖就餐机会的黄牛。归根结底，就是因为这些餐厅的吃饭服务具有竞争性。

但并不是任何商品都有竞争性。米其林餐厅之所以具有竞争性，是因为它提供的每一顿饭都有很高的成本，都是手工做出来的。但另一些商品的额外成本很低，厂商可以用极低的成本来提供，这些商品就可能呈现为缺乏竞争性。例如，网络上的付费节目就没有竞争性，因为制作一套节目的一次性投入成本很高，但是厂商做好节目以后，将它放在网上，网上有一百个人购买还是一万个人购买，对厂商而言成本基本没有差别，所以它是非竞争性的。

正因为网络传播有这样的特点，现在越来越多的人都希望将原本线下的内容搬到网上，以获取更高的收益。比如一些歌星要办一场演唱会，过去的做法是寻找一个能坐数万人的体育场，然后宣传、卖票，让观众填满体育场。但体育场容量终究有限，而且将数万人聚集在一起需要很高的组织成本，也很危险，坐在后排的观众甚至很难看清楚中央舞台的表演。所以，现在很多组织方开始尝试将演唱会搬到线上，收费让观众观看直播。线上的感受也许不如线下的那么真切，但观看效果要好很多。更重要的是，它没有竞争性，组织方卖出数十万张票也不在话下。

在了解了排他性和竞争性这两个概念后，我们就可以对商品进行分类。

目前，我们特别关心两类商品：一类是既没有竞争性也没有排他性的商品，我们称之为公共品；另一类是有竞争性但没有排他性的商品，我们称之为公共资源。下面我们就分别看看这两类特殊的商品。

公共品与公共资源

我们先来看既没有竞争性也没有排他性的公共品。我们在前文提到过外部性的概念，许多拥有正外部性的商品都是公共品。举例来说，一个地区的治安就是一种公共品。如果一个地方部署更多的警力，安装更多的摄像头或者更先进的报警装置，这个地方就更安全。警察并不会因为保护了这个人就不保护那个人，也不会因为某人刚搬到这里工作，还没有交很多社保，就让他的治安待遇打些折扣。公共品被提供以后，就变得不可分割，一视同仁。

清洁的空气也是一种公共品。空气是很神奇的东西，它无处不在，我们也无时无刻离不开它。每个人都在呼吸，既不觉得别人会抢走自己的空气，也不可能限制别人呼吸空气。空气本身是毫无价值的，但当缺乏清洁的空气时，人人都会担心。现在大家终于明白这个道理——清洁的空气是花再多钱也不容易买到的。听说现在有人在卖灌装的澳大利亚空气，其生意还不错（这大概只是个玩具）。我们还很难想象空气脱离公共品的状态而变成私人品。现在有些人在家里装了昂贵的空气清洁机，不管外面有多严重的雾霾，家里的空气总是好的。但只要人一出门，暴露在外，就会呼吸不够清洁的空气。如果整个城市都装上空气清洁机，那么这将是一笔天价投资，所以很多人情愿选择搬到其他城市。

我们再来看有竞争性但没有排他性的公共资源。经济学家想来想去，发现只有森林、矿产和野生动植物这些东西是最符合要求的商品。

就以江里、海里的鱼为例。鱼的种类和数量原本极多，鱼的繁殖能力也很强，小规模地捕捞并不会对鱼群产生影响。千百年来，世界各地的渔民都是靠着捕鱼为生的，你捕你的，我捕我的，鱼群本身也不断在变动，不会有人觉得“其他渔民把我的鱼给捕走了”。但到了近代，人们很快发现，捕鱼变得富有竞争性了。现在捕鱼手段比过去强大千万倍，只要大家齐心捕捞、不加限制，用不了几年就会使某种鱼类绝迹。

过去，由于缺乏GPS之类先进的定位设备，大海上也没有任何标记可言。没有人有能力在大海中划出一块海域，宣称不许其他人到这块海域捕鱼。所以，只要有本事，任何人都可以在大海上捕鱼，捕鱼也是缺乏排他性的。当然，今天随着科学技术进步，大家对于各国管辖的海域逐渐有了概念。不断发生的越境捕鱼冲突也说明：要确立海域边界，使得捕鱼变得有排他性。这项工作本身是极为困难的。

搭便车现象

公共品是对全社会都有好处的商品。所谓的外部性，是指它不仅利己，而且利人，其好处可以辐射到很大的范围。既然如此，公共品应该越多越好，那为什么我们在生活中还会经常发现公共品的供给严重不足呢?

很早就有经济学家思考过这个问题。公共品本身都是有成本的，如果由私人来提供公共品，那么成本分摊就会成为一个大问题。经济学家用一个很形象的概念来解释公共品供给不足的原因，那就是“搭便车现象”。

举个例子，现在各地都有很多几十年前建造的六七层的老居民楼，过去因为技术问题，这些老居民楼都没有安装电梯。现在大城市都老龄化，老年人数量多，老年人每天上下爬六七层楼实在太不方便，所以现在很多社区都联系电梯公司为老居民楼安装电梯。电梯在这幢楼里是公共品，不仅居民自己可以用，客人也可以用，甚至外卖快递员也可以用，对大家都有利，但安装成本需要整个楼的各户居民分摊。

谈到分摊成本，一楼的住户坚决不肯出钱，他们表示自己不需要电梯。可二楼和三楼是不是要分摊电梯费用呢？有很多二楼和三楼的住户表示：我们也不需要使用电梯，每天走走楼梯就足够了，所以不会出装电梯的钱。

但问题在于，真的装完电梯以后，怎么能保证他们不用？不管他们有没有出钱，他们在用的时候可不会手软。就算他们真的不用，到他们家做客的亲戚会不会用呢？这种情况就像我们在四川去西藏的公路上经常看到的背包客招手拦车。这些背包客不准备出钱，只是希望利用人们善良的心，搭一段顺风车。不出钱，但要利用公共品的便利，这种模式就叫作搭便车现象。可对于希望装电梯的住户而言，因为有人想搭便车，谈判就很难谈成，最终会导致电梯装不成。

后来我听说，有些住户也想出一些办法：电梯还是装，不愿意出钱的住户不用出钱，但电梯里也没有二楼和三楼的按钮，直接上四楼。即使是给二和三楼送快递的小哥，也别想占到公共品的便宜。

公共地的悲剧

公共品是个好东西，但是它的私人供给必定不足，一般只能由政府来提供。同样，公共资源领域也存在致命的问题。

有一个经典的故事叫作“公共地悲剧”：在一片公共牧场上，如果周边牧民都非常节制地轮流在上面放牧，保证不过度放牧、不偷偷放牧，那么大家都能从中获得好处。但现实中，所有牧民都有在上面偷偷放牧、把自己的牲口都赶到公共牧场吃草的动机。如此一来，公共牧场很快就变得寸草不生。这就是“公共地悲剧”。

我们不妨以交通拥堵为例，再做一番讨论。交通是一项公共资源，马路谁都可以走，也不能驱逐谁。但是，交通具有竞争性的特点，马路的宽度有限，太多车辆驶入马路就会导致交通拥堵。交通拥堵是一个世界性难题，不管是发达国家还是发展中国家都有这个问题。我的一些北京朋友总抱怨交通拥堵，但一些在曼谷、金边、雅加达生活过的朋友则表示不屑：去那些地方待半年，你们才会明白什么叫真正的堵车。

从2003年开始，伦敦采取了一项新的举措，在工作日向进入伦敦核心市区的车辆收取交通拥堵税。这笔费用每年都在上调。一些经济学家研究了收费的结果。收费确实减少了伦敦15%的交通量，而且减少量主要来自小汽车。后来，新加坡开始征收交通拥堵税，同样获得了成功。而纽约一直抵制交通拥堵税，但最新消息显示，纽约也将开始征收交通拥堵税。

中国是否应该征收交通拥堵税？这是一个很值得思考的问题。虽然中国的交通拥堵很严重，但政府一直不太愿意采用收税的措施，而更多采用单双数尾号限行措施。另一些城市还采取更复杂的限行政策，比如在某些日子，只有尾号是1、4、7的车辆能上街等。如此一来，很多司机只有先看完日历才能上街了。

但是，这种措施是否有效呢？很难说。我们看到的结果是很多人并没有因为尾号限行不上街，而是选择购买了第二辆汽车。如果政府施行的是复杂的尾号限行政策，民众就会买更多辆车。如此一来，这种措施反而增加了整个城市的汽车保有量。

2015年12月，由于雾霾问题，北京施行单双号限行4天，违反这个规定的司机就会被罚款，但是每天仍然至少有3万次的违章。因为每次违章罚款100元，而这100元比起出行的成本来说实在算不上什么。而且，雾霾天气违章出门不容易被抓住。这就是公共地悲剧在我们身边的直接展现。

结语

走在这个小花园里，看着高声唱京剧的老年人和躺在长凳上的流浪汉，我不禁想到“搭便车现象”和“公共地悲剧”。公共品是个好东西，但公共品的提供和维护绝不容易。我们需要搞清楚人们使用公共品的心理机制，才能让公共品真正服务公众。

外币，不是你想换就能换

我继续往前走，经过一家中国银行，里面总是有很多人在办理业务。每次从它门口走过，我就会听到里面的工作人员在向客户解释：“你要换那么多的欧元，需要提早几天来预约，你临时过来，叫我们去哪里找那么多钱。”另一些时候，工作人员说：“你今年的外汇兑换额度已经用完了，不能再兑换了。要不你回家去问问，看看亲戚朋友还有没有额度？”……总之，外汇的情况特别麻烦，大多数要换外汇的人都搞不清楚。

那么，什么是外汇呢？人民币与其他常见的外汇（如美元、日元、欧元）之间到底是什么关系呢？我们经常讨论的汇率是怎么产生的？为什么中国银行一定要有各种兑换外币的限制，其他国家是否也这么做？如果有一天中国银行不再限制外汇兑换，完全放开让大家自由兑换，那么这会产生什么后果？

汇率的本质

我们先来思考一下什么是汇率。

传统意义上的货币都是由主权国家的中央银行指定发行的，美元、日元、人民币等都是这样的。每张人民币上都印着“中国人民银行”——你绝不会看到第二家银行。至于欧元，它是由欧洲各国中央银行联合组成的欧洲中央银行发行的，如果我们把欧洲看作一个整体，那么其本质也差不多。

如果我们只考虑一个国家的内部经济活动，那么日常经济活动中的货币定价是无所谓的。美元的定价比较低，我们在美国花10美元、20美元就能吃一顿饭。日元的定价比较高，我们在日本可能要花一两千日元才能吃一顿饭。而在印度，我们可能花几百卢比可以吃一顿饭。但我们并不因此就认为，美元优于印度卢比，印度卢比优于日元，没有人会这样想。这只是一种标价而已，美国人每个月收入几千美元，而日本人每个月收入几十万日元。所以，如果一种货币只在其本国内使用，那么它的绝对数值并不重要。

但是，如果你要出国，不管是去旅游还是要进口商品，或者去海外投资开厂，你就要面对汇率问题。一元并不等于一美元或者一泰铢，你必须去银行根据当天公布的汇率兑换外汇。这几年，中国开始收紧外汇，每年每人兑换的外汇总额不允许超过5万美元，但终究还是能兑换一些的。

下一个问题就是，两种货币之间的汇率是如何决定的？

以美元兑换人民币为例：假如我们把美元看作一种特殊的商品，那么美元兑人民币的汇率，就是用人民币表示的一美元纸币的价格。假如汇率是7，这就意味着你要用7元人民币去购买那张1美元的绿色票子。如果人民币跌破了7，并且还在贬值，这就意味着那张1美元的纸币涨价了，越来越贵，7元人民币是买不到了，可能需要7.2元，未来可能还要继续涨。

经济学有一条基本原理：一切商品的价格都是由供给和需求两方面决定的。如果供不应求，商品就会涨价。反之，如果供过于求，商品就会跌价。货币供给都是由各国中央银行决定的，钞票印得多，供给就多。而货币需求则是由每一个人的需求决定的，人们需要用货币去交易、去投机等等。如果美元一直在升值，最直观的解释就是，越来越多的人喜欢美元，希望持有美元，而不怎么喜欢人民币。而且，这是由无数人的偏好共同决定的。

汇率的决定

单纯看两种货币之间的汇率，有时候人们会有误解。这个汇率的数值叫作名义汇率，有时候并不能准确地反映人们对它们的真实偏好。我们不妨举一些例子。

第一，有时候汇率不能自由浮动，是钉死的，这时候两种货币之间的汇率就有偏差。比如十多年前，人民币兑美元还采用固定汇率，1美元兑换8元多，那时候汇率是钉死的。美国人对此很有意见。在2005年的美国，如果一个人每月收入2 000美元，那么他的日子会过得很紧张。与此同时，如果一个中国人每月收入16 000元，那么他的日子会过得无比舒服。16 000元在中国可以购买的商品数量，是2 000美元能在美国购买商品数量的很多倍。当时，一个中国人如果把每月16 000元的工资兑换成美元然后到美国生活，就会跌入地狱。而一个美国人如果带着2 000美元来中国生活，就像到了天堂。很显然，1∶8的汇率存在严重问题，所以在此后的十来年里，在各方压力之下，人民币开始升值。

按照这个逻辑，我们可以在中美两国找到同样一种商品，然后用它们的标价来决定其相互之间的汇率，这是一种更科学、更准确的汇率决定机制。当然，要在世界各国找到完全一样的商品并不容易。后来，人们发现，麦当劳生产的“巨无霸汉堡”是一种不错的商品，在世界各国都很容易找到。于是，巨无霸汉堡的价格就成为经济学家最喜欢用于衡量汇率的计算方法，这样得到的汇率叫作实际汇率，这种计算方法叫作购买力平价。

即使两种货币并没有钉死，汇率仍可能存在偏差，因为人们拿了货币可不是就这样放在家里的。货币不同于其他商品的最大特点在于，它有可能通过储蓄、投资等手段而升值。两个国家国内的利率是不一样的——有的高、有的低，所以人们就会倾向于把货币兑换成利率更高那个国家的货币，这样就能更快地增值。

经济学里有一条著名原理，叫作一价原理。一价原理认为，一种物品在所有地方都应该以一种价格出售。如果价格不一，物品就存在低买高卖、从中牟利的机会。人都有逐利的本性，疯狂的套利活动最终会使价格差异弥平。

一价原理在外汇市场也适用。如果两个国家的金融系统都很自由、没有限制，你兑换之后的美元可以随时存入美国银行账户，那么两国的利率之差便会导致货币自动在两国之间流动，最终的汇率就由两国的银行利率决定。这种计算方法叫作利率平价。

违背真实汇率的代价

购买力平价也好，利率平价也好，两者都是计算真实汇率的方法。如果一个国家不主动干预汇率，那么汇率便应该由这些机制来决定。可是在现实中，很多国家都有干预汇率、操纵汇率的动机。

为什么要干预汇率呢？最直接的理由就是有利于出口。在现代经济中，出口是整个宏观经济GDP的重要组成部分，甚至有时是最重要的组成部分。就像2005年以前的中国一直主动压低汇率。在美国人看来，按照1∶8的汇率来购买中国产品，实在是太便宜了；而中国的民营经济则借助汇率优势，在过去30多年里取得了极大的成就，用大量质优价廉的商品抢占了美国国内的消费市场。

从消费层面来看，美国人确实占了便宜——印几张美元又没什么成本，换来的可是中国无数的衬衫、玩具、电视机。但是，从投资层面来看，美国本身的投资机会可能会受到影响，这就是代价。特朗普就采用这种逻辑。从中国的角度来看，低估汇率导致的出口拉动了中国经济，促进了中国就业，成就了中国经济的高速发展。中国在贸易中积累了大量的外汇储备（也就是美元），而中国的普通劳动者则在这个过程中付出了许多。

长期低估汇率也一定会对一国经济造成负面影响。比如：大量资源的价格被扭曲，从而无法得到有效配置；不能有效调节汇率，使得人民币无法取得国际地位，错失大量机会。所以，10多年前，中国在国内外的共同压力之下，开始允许人民币有管理地浮动升值，逐渐逼近它与美元的真实汇率。

低估汇率不好，那么高估汇率好不好呢？我再讲一个故事，即东南亚金融危机中泰铢的故事。1997年以前，泰铢一直采用钉住美元的固定汇率机制。而在20世纪90年代的房地产热潮中，泰国欠下很多债务，从而埋下隐患。金融大鳄索罗斯看准了这一点，开始伏击泰铢。索罗斯先从泰国的银行借走了大量的泰铢，然后在外汇市场上用借来的泰铢兑换美元，同时索罗斯又在证券市场上做空泰国，打压泰国证券，双管齐下。泰国采用固定汇率机制，也就是说，人家拿出多少泰铢要兑美元，泰国都必须兑给人家。可泰国的外汇储备很少，所以很快就见底了。泰国政府当然也想过提高利率这一招。提高利率可以吸引外国资本进入，缓解外汇储备不足的困扰。但提高利率也会打击国内证券市场，让做空的索罗斯获利。此时，泰国政府左右为难，最终不得不宣布放弃固定汇率。

泰国政府一宣布放弃固定汇率，泰铢就一落千丈，顿时变得毫不值钱，股市也彻底崩溃。索罗斯之前从泰国银行借来的大量泰铢，现在不值钱了，索罗斯只要随便拿点美元就能还上欠债，剩下的就都变成利润。这就是索罗斯利用泰铢汇率被高估成功伏击泰铢的经典案例。

由此可见，汇率被低估不好，被高估也不好，都存在危险。让汇率尽可能自由地浮动，让汇率反映两种货币之间的真实需求关系，让名义汇率与购买力平价或者利率平价决定的真实利率趋近，这才是比较好的汇率管理方式。

金本位与布雷顿森林体系

从世界范围来看，管理汇率这件事说起来简单，实践起来很难。经济学家讨论国际汇率问题已有100多年时间，积累了很多经验，也走了很多弯路。我们不妨简单地介绍两个失败的体系：金本位和布雷顿森林体系。

100多年前，金本位是全世界最流行的货币体系。所谓金本位，就是把本国货币发行数量与黄金挂钩。如此一来，一国有多少黄金就能发行多少货币，如果超发货币，其他国家都用它来兑换黄金，而该国拿不出那么多的黄金，这种货币就会彻底破产。

金本位的另一个好处是通用性。当时全世界很多国家都采用金本位，每一国的货币发行都受到黄金储备的制约。各国每年新产出的黄金数量是有限的，所以它可以避免很多金融风险。

但是，1929年美国经济大萧条，彻底摧毁了金本位。发生经济萧条以后，采用金本位的国家发现，它们无法采用货币政策来挽救短期内萧条不振的宏观经济。政府面对人民的生活困境束手无策，因为受制于黄金约束。最终，所有国家都废除了金本位，因为所有国家的领导人都认为，应该把宏观经济的命运把握在自己的手里，不能听任金本位束缚手脚，不能让人民的生活听天由命。

到了“二战”快要结束的时候，金本位已经崩溃，全世界最重要的经济学家又聚集在美国一个叫作“布雷顿森林”的小镇，商量“二战”之后的国际货币体系。大家形成一个共识，就是由美元钉住黄金，而全世界的其他货币都与美元挂钩，采取可调整的固定汇率，这种做法比金本位退了一步，但也能保证全世界汇率的稳定，这个约定就叫作“布雷顿森林体系”。

布雷顿森林体系运作了近30年。但是，这个体系存在不可解决的内部缺陷，即全世界的货币都依赖美元。美元既是美国人的美元，又是全世界人民的美元，其内在目标和外在目标并不一致。经济学家特里芬进一步提了个问题：如果美元强势，美国的国际贸易顺差，那么全世界的美元储备便会不足，交易会变得困难；如果美元弱势，美国国际贸易逆差，那么全世界对美元的信心便会不足，这个体系会崩溃。这个问题似乎没法解决，于是又被叫作“特里芬两难”。

果然，到了20世纪70年代，尼克松总统最终宣布终结布雷顿森林体系，国际货币体系的又一次尝试宣告失败了。这次失败一直延续到了今天。经济学家到现在还没有找到理想的国际货币体系，大家仍在为此努力。

结　语

我看着从中国银行网点进进出出的人，联想到无数惊险刺激的国际货币故事。而在那些惊天变动发生的时候，广大从事日常外汇交易的人可能对此并没有知觉。每天，银行的汇率数字都会变动，而这个数字背后凝聚了成千上万人的判断和决策。汇率的复杂程度远超我们的想象，而我们只能通过有限的经验来把握它。

经济低迷时期的口红热潮

前面不远处是一个大型商场，商场的底楼都是各种化妆品的柜台，此时我想起最近朋友问的一个问题。那位朋友说，听说最近经济形势不容乐观啊！我问他何以见得，他说过去两年，在星巴克里一坐下就能听到周围人在谈投资，而且都是动辄上亿元的大项目，现在这些人突然消失了，咖啡馆里也安静了下来。但是，化妆品似乎是个例外，每次经过化妆品柜台，这里总是出奇地热闹，各种美女不断进出。化妆品柜台似乎从来不受经济影响，这到底是为什么？

我觉得这是一个好问题。在回答这个问题前，我们要弄清楚一些基本问题。如何来评价宏观经济？宏观经济的运行是否存在一些类似周期性的规律？我们再来讨论，为什么化妆品的消费似乎与其他产业的变动趋势不一致，看看化妆品市场能否为我们观察宏观经济规律提供一些有用的线索。

经济学的宏观指标

宏观地观察一个国家的经济是很困难的事，因为国家经济无法直接被观察。我问过很多人：为什么你们觉得美国要比肯尼亚富裕？如果没有学过经济学的话，那么这个问题还真不好回答。我们都知道，任何一个国家都有富人、穷人。肯尼亚最富的人毫无疑问要比美国最穷的人富裕无数倍。从常识出发，我们同意肯尼亚的经济要比美国落后很多。那么，如何具体比较两个国家的经济呢？如果说肯尼亚和美国的差距比较大，那么我们再来看两个差不多的国家，比如新西兰和以色列，哪个国家的经济水平更高，怎么比较？

首先，我们要引入一个基础概念，叫作国民生产总值，缩写为GDP。GDP非常重要，它是一套全世界公认的计算一个国家总体经济表现的体系。GDP把一个国家在一年时间里各个部门生产出来的产品的价格都统计在内，排除重复计算，最终得到一个数值。GDP不是一个完美的经济指标，我们以后还会讨论它的各种内在缺陷。但GDP是一个最直观、最通用的指标，目前没有其他任何指标可以替代它的地位。

有了GDP，我们再用GDP除以各国人口数量，就得到人均GDP。我们可以用人均GDP来横向比较全世界200多个国家的经济发展水平。人均GDP越高，人们的生活水平就越高。同时，我们还可以纵向地把一个国家今年的GDP与去年的、前年的GDP相比较。一国的GDP增长率越快，说明这个国家的经济发展越快。很多人嘲笑经济学家迷信GDP，并且编排了大量笑话。经济学家其实不迷信GDP，只是将GDP作为各种经济体相互比较的一个基本方法和基本尺度。

GDP以各个行业的生产统计为基础。中国在80年前根本没有GDP的概念，在200年前就更谈不上GDP了。直到今天，很多地方都还没有准确的GDP统计。比如，谁能知道叙利亚的GDP是多少？那里战火纷飞，哪里顾得上经济统计？即使我们从世界银行的报告里摘录下一些数字，那也一定只是估算，很不准确。

现在，很多经济史学家喜欢讨论历史上的GDP问题：在清朝乾隆年间，中国的国力与欧洲各国相比，孰强孰弱？一些学者认为，那时候中国早已不如欧洲了，只是因为对欧洲缺乏直接接触，中国对此一无所知。另一些学者则认为，直到乾隆年间，中国经济仍占到全世界GDP总量的1/3以上，中国在那时并不弱于欧洲列强。这里面有很多统计上的分歧，当时各国自然都没有

GDP统计，甚至货币都完全不同，现在的比较都是基于各种手段的估算，不同学者的估算方法有差异，其结果自然就会差得很远。所以，GDP的统计是一件不容易的事。

有了GDP统计，我们可以把中国这几十年的GDP数据沿时间轴画成一条折线图，就可以看到中国经济在过去几十年飞速发展，一路向上。但是，任何国家的经济数据都注定不会一帆风顺，总会有波折。所以，我们把中国GDP的走势图拉近一点来看，还是能发现它经历了不少波折的——有时增速减缓，有时水平停滞，有时甚至还会短暂下降。我们把这种偏离了总体增长趋势的时间段称作经济波动。

经济波动是宏观经济研究的核心问题，它有三个非常重要的特点：第一，经济波动不能掩盖经济增长的持续性；第二，经济波动是许多加总宏观经济变量的协同运动；第三，经济波动具有有限的可预测性。

下面我们来分析一下经济波动的这几个特点。

经济指标的相关性

我们既关心GDP的增长，也关心GDP的波动。经济增长是长期性的问题，它与一个国家的人口、资本、技术、经济制度、法律环境等因素都有关系，这些都是经济学家感兴趣的话题。

而对于老百姓而言，大家更关心的是短期问题，也就是经济波动——今年的经济怎么样，明年我找工作是否有困难，等等。

经济波动是宏观经济学家主要在研究的问题。宏观经济学研究的对象是GDP、价格、利率、汇率、失业率、投资、储蓄、消费、财政政策、货币政策、金融泡沫等宏观经济概念，因为各种要素在宏观经济中混杂在一起，所以我们会遇到许多意想不到的困难。比如，在微观环境下，价格上涨会导致需求下降，这里的因果关系很清楚。但在宏观环境下，我们会同时看到扩张货币政策、通货膨胀、储蓄率下降，到底谁是因谁是果？这一点实在很难说。

但是，宏观经济学家多年来积累了一些经验，发现不管是在经济繁荣时期，还是在经济衰退时期，许多宏观经济变量都在协同运动，即同时上升或者下降。以我们非常熟悉的两个宏观变量（消费和投资）为例。消费和投资的运动就有协同性，要么一起增加，要么一起减少。

假设我们不考虑国际贸易，仅研究一个封闭性的国家。每年生产出来的GDP是供给侧，必然还需要匹配需求侧。宏观的需求侧总共包括三个渠道：第一个渠道是政府支出，也就是财政税收（这部分一般每年变动不大，我们暂不讨论）；第二个渠道是消费；第三个渠道是投资。老百姓把赚来的一部分没有消费掉的钱存入银行，银行再将其拿出来借给有贷款需要的企业，这就形成了投资。

既然消费和投资是GDP的两大渠道，我们要确保GDP维持在一个较高的水平，就需要有较高的消费和投资。这两者又存在互补性，如果消费不振，我们能设法推高投资，那么GDP总量就能不变，免于衰退。可是现实很残酷，我们观察到消费和投资的运动往往有协同性：要涨一起涨，要跌一起跌。两者同跌的时候，GDP必然往下跌，这时经济学家只好从财政或货币的渠道入手，尝试改善它的短期下跌趋势。

除了消费和投资的共同变化趋势之外，经济学家还观察到，GDP与通货膨胀率、失业率之间往往也存在高度相关性：经济繁荣的时候，通货膨胀率也较高，而失业率较低；当经济衰退时，通货膨胀率较低，失业率较高。

通货膨胀就是物价水平上涨。如果物价水平与工资以同等速度上涨，那么老百姓并不会对此有所抱怨。可如果猪肉价格涨了好多倍，但大家发现每个月的工资并没有跟着涨很多倍，于是就会怨声载道。在经济繁荣时期，老百姓可以接受一定程度的物价上涨，毕竟工资也会跟着涨；但在经济波动时期，工资不涨，只有物价涨，老百姓就会抱怨，政府就会有一定的压力。

除了通货膨胀以外，失业率也是经济学家非常关注的指标。在经济衰退时期，失业率往往会猛增。所谓“失业”，就是刚毕业的大学生找不到合适的工作、年轻人不敢跳槽、中年人恐惧下岗。失业是难免的，但失业率过高是一个很危险的信号，年轻人找不到工作、上有老下有小的中年人找不到工作，这些都可能对社会稳定造成重大的影响。

导致经济波动的原因

导致经济波动的原因有很多，人们众说纷纭，而且往往互相矛盾。这是经济学家分歧最多的领域，我们在这里就列举两种富有影响力但相互矛盾的理论吧。

第一种理论是“真实经济周期理论”。该理论认为，经济波动是难免的，因为经济发展由科学技术推动，而科学技术进步又是不可预期的。没人知道互联网之后下一个彻底改变我们生活的重大发明是什么。一旦科学技术进步的速度放缓，没有那么多创新，经济增速随之放缓，经济波动就出现了。这一派的经济学家普遍比较乐观，认为政府不应该过多干预经济，只要多投入一些研发资金促使科技进步，新一轮的经济增长就会随着技术进步的到来而到来。

第二种理论是“凯恩斯主义”。该理论由英国著名经济学家凯恩斯最早提出，他认为情绪因素和心理因素会影响经济周期。因为人们总是偏向悲观，总是担心环境变得不好，不敢大胆消费。举例来说，今天老板突发慈悲，给你发了两万元奖金，你完全没有意料到，你会怎么办？你会先好好庆祝几天，然后计划假期出去游玩，把这两万元痛痛快快地花掉吗？恐怕大多数人都不会这样做，大多数人都会选择把钱存起来。现在猪肉涨价，谁知道接下来还有什么要涨价？需要花钱的地方太多，实在不敢大手大脚。如此一来，消费就不足了。

同样的道理，投资也会不足。消费和投资都不足，需求侧这一方的总需求就不足了。凯恩斯提出一种药方：既然人们都不愿意花钱消费和投资，那就让政府出头，代替大家消费和投资。政府大手大脚地建设机场、地铁，建各种公共设施，把总需求拉起来，平衡个人的消费和投资的不足，最终可以保证GDP的平稳。所以，按照凯恩斯的看法，政府应该积极主动地干预经济，每当发生经济波动时一般都是总需求不足，政府此时就应承担责任，代替老百姓消费和投资。后来，经济学家把这种积极的政策建议称作“凯恩斯主义”。

凯恩斯主义希望政府多管，而前面说的“真实经济周期理论”则希望政府不要多管。如果经济波动都是创新不足导致的，那么政府干预就不会有什么效果，长期来看还会加剧经济波动。你看，这两者就相互矛盾了。

这两派理论都有大量拥趸，且背后都有诺贝尔经济学奖级别的专家表示支持。学术界的两派争论了几十年，各写了不计其数的论文，至今仍然没争出什么结果，普通人就更没有能力选边站队了。

经济波动与个人的关系

还有一些朋友不死心：我们固然可以接受经济学家对于宏观经济运行规律还缺乏共识的现状，但是对个人而言，宏观经济和经济波动到底意味着什么呢？我们应该怎么看宏观经济，又怎么进行个人决策呢？

对此，宏观经济学还是可以给我们不少启发的：宏观经济学可以引导我们看得更长远，从而不要太在乎眼前短暂的经济波动。

经济波动的时间有长有短，但与个人的生命长度相比，总体还是短暂的。所以，不管是个人消费还是其他选择，都应该从较长的时间跨度来思考决策。人们在消费、找工作时，都应该把父母的遗产以及自己未来要留给孩子的资源考虑在内，争取保持消费路径的总体平稳。

这一点当然是不容易的，人们都很短视、很急躁，对明天的担忧远远压倒对未来10年、20年的展望。回过头去想想，你还记得清10年前8月份的经济状况吗？很难吧？因为那个短暂的时期可能真的没有对你今天的生活造成多大的影响，这就是我认为的经济波动与个人之间的关系。

结　语

我从化妆品柜台之间穿过，看着熙熙攘攘的人群，想起有经济学家提出过“口红定律”的说法。在经济波动时期，大家手头资金吃紧，也不敢大手笔地投资或买房，每个人都闷闷不乐。然而，人总需要快乐，而口红这类产品正好单价不贵，又能给人带来快乐，所以它就成为经济波动时期最受人们欢迎的产品了。由此可见，经济波动不但影响了经济，也影响人们的心理，这一点是最值得我们重视的。

未来的房价会跌吗

我继续往前走，进入一条幽静的马路，路边并没有什么小店，这里是一片1949年以前就建成的高档社区。一般人把上海这种类型的房子称作老洋房，一套老洋房目前的市场价格动辄上亿元，而且有价无市。这种房子里面往往有多户人家混住，一般保护得并不会很好。可为什么它们那么贵，平均单价要比周围新建的高层房屋贵得多呢？一般的二手房较新房总会打一些折扣，为什么老洋房的价格反而比新房贵，而且跃升了好多倍？

房屋的定价是经济学里最迷人的问题之一。房子和其他商品有什么区别？上海的房屋在过去是如何定价的，在今天又是如何定价的？上海的房价是不是永远只涨不跌？对于房价，我们实在有太多的疑问需要解答。

土地和房屋的性质

我们在探讨房屋前需要探讨土地，甚至可以说，不理解土地，就无法理解房屋。

根据《中华人民共和国土地管理法》，中国城市里的土地都属于国家所有，老百姓拥有的只是使用权。但就是这种使用权，构成了上海房价中最核心的那一部分。我们在讨论房子的时候应该多想一想脚下的土地。

现在的上海完全是一片钢筋水泥的森林，几乎找不到自然的痕迹。离我家不远处有一个人工湖，是20多年前造出来的。最近听说政府又要准备将其填掉盖楼，总之一切都不是自然的。有朋友到了杭州后觉得杭州的自然环境与人工建筑完美地结合在一起，很了不起；到了苏州后又觉得苏州在都市狭窄的小巷小弄里竟然通过营造园林的高超手段塑造出自然的幽深。在上海这样的大城市，一些即使看似自然的东西，其实都是人工模仿的。

然而，100多年前的上海并不是这样的，那时上海几乎还是一个典型的江南水乡，水网密布。上海的主要交通工具是船，而不是汽车，因为并没有多少马路。现在像周庄之类的地方，大概还能让人想象100年前的上海。现在上海的马路大都弯弯曲曲，与北方横平竖直的道路不同，而这正是当年河道纵横的佐证。上海的钢筋水泥“森林”并非天然形成的，而是一点一点填河造楼形成的。上海以后的地理面貌会不会继续改变，这还真不好说。

在这个过程中，上海的市中心也变了很多次。1840年以前，上海的市中心在老城厢，在新中国成立后叫南市区，在10多年前与现在的黄浦区合并，过去的遗迹都被一点一点抹去了。后来，上海开埠，英国和法国在上海设立了租界。在此后的近百年里，英租界和法租界不断向外扩张，建筑了多种风格的街区，吸引了全世界的住客。而上海的市中心逐渐转移到老城厢、英租界与法租界的交汇处，也就是现在的人民广场一带。

到了20世纪90年代，随着上海的经济发展，城市中心又出现分化。比如，西南地区的徐家汇逐渐演变成一个高档小区集中地，静安寺到中山公园一带也成为另一个市中心。而到了2010年以后，上海许多地方都建起了超大型商场，人们的日常活动也开始以商场为中心。从五角场到环球港、环贸中心、日月光，每个商场都是某种意义上的城市中心。

上海的房价与整个城市的变化有着密切联系。20世纪90年代中期以前，上海的房屋还没有大规模商品化。当时，上海保留着福利分房政策，许多人都在单位里排队，指望自己能有机会分到房。到了20世纪90年代后期，福利分房的比例迅速降低，人们才真正关注商品房市场。

20世纪90年代末，上海的房价还很便宜，即使是市中心的房子也不超过每平方米5 000元。但从此以后，上海的房价就像坐上了火箭，每年都在疯涨，基本再没有下跌。当然，涨价的过程是很复杂的，不同地区、不同板块轮流在涨，涨的幅度也很不一样，上海人对于上海的认知也在不断修正。20世纪90年代末，上海市区居民对于内环线以外的地区基本一无所知。而随着房价猛涨、地铁不断延伸，上海市区范围也在不断扩大。所以，现在很多人对上海郊区的各处楼盘都很熟悉了。

房屋的供给与需求分析

我们再来看看影响房屋价格的最基本因素，也就是我们一再强调的“需求—供给”分析方法，这是经济学最基本的有效分析手段，对房屋价格的分析也不例外。如果我们觉得房屋价格显著偏高，我们就可以从需求和供给两方面加以思考。

我们先从需求侧来看。中国人确实爱买房，一直就有买房的传统，为了改善环境而买房，为了结婚而买房，为了孩子而买房。我自己曾在上海做过一项调查，拥有上海户籍但居住在租来房子里的人的比例可能只有2%，可见旧上海人或新上海人都没有租房习惯。有一些上海家庭很富裕，买房很正常，可也有相当一部分上海家庭经济条件一般，两代人甚至更多代人居住在并不宽敞的房屋里。即使这样，我也很少见到这样上海家庭的成年子女搬出去租房住。他们如果要搬出去，那么一定会买房。

对于很多年轻人而言，买房是结婚的前提，是所谓的“刚性需求”。从现实角度也可以理解，在上海这样的城市工作压力非常大，一个人在结婚、有了孩子以后会更加忙碌。如果一个人住的房子是租的而不是买的，那么他随时都有被房东赶走的风险。很多人心理上对此实在难以接受。

我们再从供给侧来看。最根本的一个特点是，房屋的供给注定是缺乏弹性的，这是由土地的区位特点决定的，这句话永远成立。房屋与普通商品最大的不同在于，房屋拥有区位特征。对于一张桌子来说，它是在南京制造还是在武汉制造与其价格没什么必然关系。而对于房子而言，它位于偏远的松江区还是核心的静安区，这对其价格的影响是决定性的。

不管老上海人还是新上海人，很多人都对区位有一种深深的迷恋。有的人就想买黄浦江边的房子，以便看到黄浦江。但黄浦江两岸能够看到黄浦江的土地是极有限的，所以上海的江景房会超级贵。从逻辑上说，黄浦江的上游发源于青浦的淀山湖，淀山湖周围的房价倒还挺低，可不会有人把淀山湖等同于黄浦江，淀山湖离上海外滩有好几十公里呢！

一些人有历史情结，希望能居住在人民广场或者南京路一带。但问题在于，人民广场就那么大，弹丸之地；南京路也就这样一条街，两边都是历史建筑，几乎没有什么新房子。这些区位都是别处区位无法替代的。如果一个人买房非要买在这些地方，那么其代价之高可想而知。

看看上海的房屋供给，我们就会发现它确实是很有限的。上海的各处土地和房屋都不是一次性放出来的，而是分期、分批放出来的。近些年来，上海土地价格疯狂上涨，我们不断听到某处土地又拍出一个天价，又诞生一个“地王”。有时候，开发商拍下土地的“楼板价”或者“面粉价”就超过每平方米10万元，这还没计算面粉变成面包的价格增值。这些土地价格最后都要算到房价里面去，这也是上海房价居高不下的最主要原因。

我们之前介绍过“弹性”的概念。价格有一点变动，需求或供给就会发生很大的变动，这就叫“有弹性”。房屋的需求是没有弹性的，房屋是刚需。房屋的供给也没什么弹性，因为政府严格控制土地出让。需求和供给两方都是如此，最终把房价一路推高上去。

影响房价的因素

除了前面讨论的需求和供给以外，当然还有一些基本因素会影响房价。

第一，住宅市场和非住宅市场。对于非住宅房屋（商铺或办公楼）而言，它的功能很明确，区位也是最核心的考虑要素。但各种商铺的区位评价是不同的：有一些直接做生意的商铺主要考虑人流量、可见度；有一些高端商铺，比如会所、画廊等，由于其生意主要不是面向路人的，它们就要考虑闹中取静，这样才有格调；还有一些高大上的国际化公司，它们就要选择更国际化的区域，比如陆家嘴金融区等，这样才能彰显自己的专业性。

第二，人口。整个城市人口增速越快，房子就越稀缺，房价就越高。这与整个城市的发展模式有关。根据经济学中的集聚原理，大城市会吸引更多人，所以大城市的房价也涨得比较快。但这些年，北上广这些大城市都开始有意识地控制人口规模，这对房价肯定有一些影响。

第三，就业机会和工资水平。如果一个城市的就业机会越多，工资水平越高，那么有定居于此意愿的人就越多，房价也就随着需求的增加而上去了。所以，房价与城市本身的经济结构、经济水平有关。现在东北地区的经济发展模式堪忧，东北的房价无论如何也涨不上去。

第四，房屋的产权保护。在中国，房屋产权是个大问题，很多购房者也为此担忧。很多地方在以前都有很多数量的小产权房，也就是在农村集体土地上建的房，它的产权不是由国家房管部门颁发的，而是由乡镇政府颁发的。这些小产权房平时住着没事，一旦政策发生变动，就有可能被政府强制收回。又比如，以前上海有很多人购买商住两用房，价钱比较便宜。但是，如果有一天政府突然下令，要求拆除其中的厨房浴室等居住设施，那么这将引起老百姓极大的恐慌。

以前我去上海图书馆看书时，经常看到一些老先生来查资料，而且要工作人员帮他们调阅指定的民国时期资料。后来我才知道，他们查的是民国时期的房契。他们的长辈当年在上海置业，买了花园洋房。1949年，这些人留下上海豪宅纷纷跑到海外去。几十年过去了，他们的后人回到上海，这才知道当时的住宅已是天价，所以就想看看是否有机会收回房屋或者获得一些补偿。这些都与产权问题相关。

第五，相关的贷款利率和购房政策。通过贷款利率来调整房价在国外是最常用的手段，很管用。但是在中国，由于前些年房地产市场空前繁荣，房屋自身涨价的速度远远超过贷款利率的变动，所以购房者或炒房者对于利率手段毫不敏感。无奈之下，政府只能采取非市场手段，用各种身份、资格来限制买房，为买房设置重重阻碍，这才勉强把房价控制住。但是，这些非市场手段都是临时性的，也都增加了房价的扭曲程度。

两种房价计算方法

关于房子，我们已经谈了很多，最后一个问题可能也是大家最关心的问题：住宅房屋的价格到底是由什么决定的？这个问题很难回答。我们可以沿着两种思路来思考这个问题。

其中一种是炒家的思路，就是把房屋看作一种金融资产，用金融产品的估价方法来为房屋估价。这种思路涉及房地产投资、房地产金融，还可能涉及金融衍生品。比如，你有1 000万元，到底应该投资股票还是房地产？如果投资房地产的话，那么你应该买一套上海内环的小房子还是买两套上海外环的大房子？在买房的时候，你应该看重它的增值幅度还是看重它的变现能力？就像前面说的老洋房，虽然它的价格可能涨得也挺快，但要脱手却没那么容易。这种房价计算方法对炒家比较适用。

另一种思路则对买家比较适用，就是从主观角度来思考房屋价格。近年来，经济学家构建了一种享乐主义模型，就是把所有可能影响到购买者主观效用的因素，比如区位、面积、式样、楼层、装修等等都考虑进来，然后根据房屋给个人带来的主观快乐水平进行评估。

这种思路还能把一些比较特殊的购房动机纳入进来。比如，有些人把北上广的一些住处与中小学教育资源联系起来，这样就产生了“学区房”的概念。有些人之所以愿意花几百万元买一个十余平方米且几乎无法居住的房屋，主要就是为了取得进入附近中小学读书的资格。不过，并不是所有购房者都有这种需求，所以只有享乐主义模型能够比较好地研究这类需求。

结 语

上海的房价那么高，会不会跌呢？如果跌的话，是中环以外（如宝山、松江）的房价会跌，还是整个上海的房价都会跌？这是一个难题，而且并不是一个孤立的问题。我们如果无法准确预测中国未来的经济和通货膨胀，就无法准确预测上海的房价。所以，要思考上海的房价，我们还要全面思考上海的发展和未来。

办了健身年卡，
你真的更常去健身房吗

走着走着，我经过一幢老房子，老房子的底楼已经出租给一家知名健身房。健身房特意将其改装成透明的落地玻璃，路人可以看到里面的人正在跑步机上挥汗如雨。毫无疑问，健身是近年来的潮流，自诩为中产阶级的人群都会投入大量的时间和金钱用于健身。但我们也深知，健身难，最难的就是坚持，能够把健身变成长年坚持习惯的人实在是非常少。

健身最终的回报很高，其过程却极不容易。所有人都明白健身的道理，但就是做不到，因为这是在与人性做斗争。为了实现健身成功的诱人目标，很多人针对自己的懒惰设计了各种手段，比如购买昂贵的名牌运动服装，用耳机听最喜欢的音乐，约最好的朋友一起去锻炼，等等。其中，哪些方式可能对自己实现目标有帮助呢？行为经济学家对此展开了持续多年的研究。

激励的方式

之前我们讨论过，所有的激励机制归根结底无非就是“胡萝卜加大棒”。胡萝卜是激励，大棒是惩罚。当然，有时候胡萝卜会长得像大棒，而另一些时候大棒会像胡萝卜。

穿上一套亮丽、紧身的运动服装，最好还是lululemon（露露乐蒙）这类标识性品牌，这是促使很多人去健身运动的重要因素。健身达人很乐意晒自己健身的照片，但是我们都知道“晒照片”这种事是有选择性的。只有对自己身材有信心的人才会晒照片，而很多疏于锻炼的人穿紧身运动服会觉得很尴尬，更不用说晒照片了。

健身房把跑步机放在透明玻璃后面，看起来也是一种实现双面效果的手段。身材良好、运动能力突出的人确实很愿意在透明玻璃后面锻炼，一方面向走过的路人展示，另一方面也能从路人的眼里收获压力和自信。但是，对于疏于锻炼的人来说，路人可能投射过来的鄙视目光，会成为阻碍自己去这家健身房的重要理由。所以，健身房这么做能吸引健身达人，却未必能吸引普通人。

我们就来谈谈普通人的健身计划吧。大多健身房都会推出年卡，健身房最重要的收入来源就是卖长期会员年卡。因为根据经验，办完年卡后，大多数人都会在接下来的一个月里经常光顾健身房，到第二个月会偶尔去几次，以后就去得很少了，下半年年卡的使用频率简直微不足道。最终真正用足年卡的人，所占比例微乎其微。于是，大多数的预付款就这样落到健身房老板的口袋里了。

普通人购买健身年卡，也确实有自己的理由。假如他们不办卡，他们每次去健身时都要交一点钱，这点钱看起来也不便宜。用这点钱看场电影，一定会让自己心情愉悦。而用这点钱去健身，不仅流很多汗，而且不一定有什么效果。年卡看起来是一种合理的投资，一次性缴纳的钱，平摊下来，比起自己每次都交钱便宜很多。很多人也认为，既然自己一次性地交了那么多钱，就一定会充分地利用这笔投资。只是人们对于自己的懒惰程度很难做出准确的估计。人们在办卡之前会想，既然交了钱，就一定会去。而他们过两个月就会想，既然交了钱，去不去也都无所谓了。这就是人性。

美国一家健身公司最近听取了经济学家的建议，推出一种新的收费模式。在加入这个计划后，你每月只要交10美元最低费用就可以开始健身。但你必须承诺说，每周至少要来一次。如果你这个月达到目标，你就不用交钱。如果你这个月没有达到承诺目标，你就要交25美元的罚款。如果你打算彻底不去了，你就会收到75美元的大额罚单。当这家公司推出这种合约后，报名的人非常多，取得的效果极佳。

这就涉及诺贝尔经济学奖得主卡尼曼研究出来的“前景理论”。卡尼曼通过实验证明，人们在面临获得场景和失去场景时，其行为选择方式并不相同。在获得时，人们的行为是风险规避的；而在损失时，人们的行为是风险偏好的。所以，当健身房改变收费模式——从“交钱才能锻炼”改为“不锻炼罚款”时，人们对自己都有信心：“我一定可以坚持，我一定可以从中赚到便宜。”

最终，参加这家健身公司套餐计划的人的坚持时间好像跟其他健身房的人也没多大差别，大部分人因坚持不下去而收到了罚单。差别只是这家公司利用“前景理论”赚了更多的钱。

金钱激励与非金钱激励

不管健身锻炼还是公司管理，政策制定者总希望人们能够朝着某一个方向去努力。有时这个努力方向与个人利益的方向一致，另一些时候两者不完全一致。还记得我们之前讲的公司激励机制吗？老板总希望员工能够更努力地上班、减少休息时间，从而帮助公司获得更多利益。老板的利益在于公司能多赚钱，而员工则想着下班回家团聚。

当两者利益方向不一致的时候，老板必须想一些办法，使得员工的利益追求与公司的目标相一致，这样激励才会有效。比如，公司可以授予员工股权，或者把员工的日常收入在很大程度上与公司的总体业绩捆绑在一起。如此一来，员工的赚钱目标就与老板的赚钱目标相一致，激励手段才能起到效果。

但是，激励或者惩罚手段非常微妙，与人思考问题的框架模式高度相关。如果老板没有真正意识到这一点，激励手段就有可能出现偏差，或起到相反的效果。

经济学家尤里·格尼茨是世界著名的行为经济学家，他在《隐性动机》这本书里讲述了一个值得人们深思的故事。他有很长一段时间在以色列工作，所以把孩子送到当地幼儿园就读。以色列幼儿园的教育和管理都非常不错，就是有一点不方便——幼儿园规定家长必须在下午四点半之前把孩子接走。

格尼茨与妻子的工作都非常忙，工作单位离幼儿园也有一定的距离。有时候他们忙到下午四点，突然想起要在四点半之前接孩子，拼命飙车赶到幼儿园，还是迟到了，幼儿园园长的脸色很不好看。

过了一阵，幼儿园园长索性提出一个新的规定：家长必须在下午四点半之前把孩子接走，如果迟到10分钟以上，就必须缴纳相当于3美元的罚金。按照幼儿园园长的设想，这个新规定一出来，家长就会老老实实地按时来接孩子，自己也可以早点下班回家了。

可事与愿违，这条新规定出来以后，幼儿园园长发现家长迟到的现象不仅没有改善，反而更严重了。格尼茨说，新规定出来以后，自己再也不着急了。有时候他忙到下午四点，看看手表，心想反正要迟到了，做完手头工作再安心地赶去接孩子吧。反正他要交3美元罚款，索性没有任何心理负担了，也不害怕老师给脸色看了。很多家长都是这么想的，结果罚款机制反而增加了家长迟到的频率。

这个故事背后的机制很值得我们深思。在罚款规定出来以前，家长采用一个与金钱无关的思考框架来认识这个问题，他们每次迟到心里都充满了对老师的愧疚，主动希望减少迟到次数。而在罚款规定出来以后，家长就把迟到看作一种经济交易行为，我用3美元来购买你对孩子的看护，这是一种公平交易，自己再也不必有什么愧疚之情了。

罚款机制的失败之处就在于，它把一种依靠情感和荣誉维系的非经济机制转变为经济机制，从而不可避免地导致了失败的结局。

激励机制的应用

说到金钱激励与非金钱激励，我们很容易联想到对孩子学习、考试的激励。

我们小时候经常听到这样的激励手段。家长对孩子说："只要你这次期末考试考得好，我就给你买个××"。当然，各个家庭的物质激励水平不一样，困难点的家庭可以带孩子吃一顿大餐，条件好点的家庭就可以奖励孩子很贵重的物品。

这种金钱激励是否有效？教育界对此一直充满争议。很多老师都会说不要用金钱来腐蚀孩子，这种激励是无意义的，不会激励学生以后继续努力。

那么，老师们的这种观点是否正确呢？行为经济学家还是通过实验来加以检验，有一个实验是这样的：经济学家在美国芝加哥挑选了一些成绩偏下游且家庭比较贫困的中学生，把他们分为五组，设计了不同的场景，然后进行正常的考试。第一组，老师在考试前会发给每人一个透明信封，里面装了一张20美元。老师告诉学生，在接下来的这场考试里，只要成绩比最近一次考试的成绩有所提高，学生就能带走这个信封。但如果考试成绩出来，结果不如上一次，学生就必须交回信封。第二组，如果考试成绩有所提高，学生就能在考试之后马上获得20美元，但桌面上没有那个透明信封一直在诱惑着他们。第三组，学生被告知，如果考试成绩有所提高，那么在考试后的一个月内将获得20美元奖金。第四组，学生被告知，如果考试成绩有所提高，那么会获得一个荣誉性质的小奖杯。第五组是控制组，学生没有额外奖励，正常考试。

那么，这次的实验设计是否能有效提高学生的成绩呢？结果是肯定的。唯一一组成绩没有显著提高的组是第三组，就是被告知考试后一个月内将获得奖金的组。考试前后就能获得奖金的两个小组的考试成绩都有了显著提高，而且第一组成绩提高得最多。学生在考试前就拿到了装有20美元的信封，在考试期间一直看着它，害怕失去它，因此他们考得非常努力，充分发挥了自己的潜能。

这个结果再一次印证了“前景理论”，即害怕失去的动力要超过获得引发的动力。考试后可以马上得到钱也会有一定的激励效果，至于考试后一个月才能拿到钱，就完全没有激励效果了。

而且，并不是非要给钱才有激励效果。对于低年龄的学生来说，他们更在乎荣誉，因此小奖杯更有效。而高年龄的学生对金钱激励更敏感，小奖杯就不怎么管用了。

很多老师和家长会担心，学生一旦习惯经济刺激以后，下次考试不给钱，学生就不会努力考试了。但实验结果并不支持这些担心：经受过钱激励的学生，下一次即使不再被给予激励，仍会比较努力地考试。要保持很高的努力水平并不容易，但学生也很难退回到实验以前的那种努力水平了。从这个角度来看，金钱激励对于学习总没有什么坏处。

结　语

看着健身房里挥汗如雨的青年人，我就想到经济学家的研究结论：坚持运动最大的阻碍并不是流汗、喘气或者换衣服，而是如何让自己养成定期运动的习惯。运动本身并不困难，困难的是在复杂生活中如何把运动安排进去。

每个人肯定都有很多固定习惯，比如晚上睡前刷牙，早上起来喝一杯咖啡等等，我们不大会因为其他安排而放弃这些习惯，这已经是我们生活的一部分了，而健身则不然。对于绝大多数还没有养成健身习惯的人来说，这项选择很容易因为其他事情而被放弃。如何把希望完成的工作变成生活习惯的一部分，这是最值得我们思考的问题。

这种画小朋友也会画，凭什么拍出了天价

一条小路尽头有一处很不起眼的房子，挂着的招牌显示它是一处画廊。平时这里几乎看不到人，甚至经常连门也不开。很显然，画廊并没有把路人看作自己的潜在顾客，它只是在奢侈的市中心地段寻找一处门面。它不需要路过的客流，只需要用这片土地不菲的租金来证明自己的实力，因为画廊的生意从来就是“三年不开张，开张吃三年”。

这家画廊的状况让我想起另一个在画廊工作的朋友告诉我的故事。她在一家欧洲顶级画廊的上海分部工作，公司在靠近外滩的地方租下一幢老房子。画廊原本很安静，静静接待富豪买家就

好，可是有人在小红书上把它写入“上海最适合拍照的N个隐秘地点”，它一下子就火了，每天都有大量网红拥入店里拍照。当然，这些人并不会买画，反而会影响画廊接待真正的买家，把工作人员搞得左右为难。

这说明艺术品的价值非常高，但距离中国老百姓的生活还比较远。记得十多年前我听到一些经济学者讨论，中国经济有一些不解之谜。其中一个谜就是，当时的中国有不下四五个还活着的创作力旺盛的中年艺术家，他们一幅作品的拍卖价格有时会超过1亿元。为什么他们的作品可以拍出那么高的价格？

艺术品的主观定价

我们首先要明确一点，即艺术品的价格都是主观的。当然，商品的价格都是主观的，不管是普洱茶还是拉菲红酒，价格都是主观的。柏拉图在2 000多年前说过：“一支笛子只对会吹笛子的人有价值。”艺术品也是如此。艺术品只有欣赏价值，最多能装饰一下环境，很多当代艺术作品甚至连装饰作用都没有，所以每个人对艺术品的估价大相径庭也就不足为怪了。

一件商品越是缺少参照物、缺少可比性，它的价格就越主观，令人捉摸不定。艺术品的价格是最主观的，因为每一件艺术品都是手工的，都不一样，即使同一个艺术家的两件作品也不一样。艺术品主要依靠艺术评论家玄而又玄的阐释，还有普罗大众难以言明的自发喜爱来定价。

比如，艺术评论家大概都觉得一张唐伯虎的画要比一幅乾隆皇帝的字有价值得多，但是市场是反过来的，投资者就是愿意用更多的钱来购买乾隆皇帝的字——价格比唐伯虎的画贵得多。这就是艺术品市场。

对于当代艺术而言，作品的价格就更缺乏参照系，更为主观。比如，英国艺术家达明·赫斯特有一件作品，叫作《生者对死者无动于衷》。这是当代艺术的名作，价值上千万美元。该作品就是一条真的鲨鱼——虎鲨——被泡在福尔马林溶液中。由于当年制作作品时防腐措施做得不到位，每年都要花费数万美元来更换福尔马林，但虎鲨有些部分已经开始腐烂了。不过，赫斯特始终拒绝更换一条质量更好的鲨鱼。他认为，更换鲨鱼就破坏了作品的不可复制性。于是，就是这么一条有点腐烂的鲨鱼，作为艺术品有着上千万美元的价值。

我再讲一个故事：20世纪90年代，有一个艺术家叫马克·奎安，他将自己的4.5升血液冰冻起来，塑了一个自己的头像。大收藏家萨奇用巨款买下了这件作品，然后把这个用鲜血制成的头像放在地下室的冰箱里，放了好多年。有一天，萨奇家里发生停电事故，冰箱里的头像化作一摊血水。艺术圈的朋友闻讯后都表示幸灾乐祸——一大笔钱就因为停电而烟消云散了。

所以，我一直觉得，艺术品倒可以帮助我们对金钱建立起更准确的认识。

艺术品拍卖市场与造假手段

艺术品的价值要在市场中实现。但艺术品的市场很小，供给和需求都很有限。所以，艺术品一般会通过拍卖来交易。有一个问题就随之产生了，商品交易需要确保商品质量，而艺术品交易就要确保它的"真实性"。但是，拍卖公司并不保证作品的真实性。在现实中，由于艺术品的价值高，其造假的现象非常普遍，而且卖家常与拍卖市场勾结，因而进一步干扰了我们对艺术品的估价。

目前，中国拍卖市场最主要的造假手段有拍假和假拍两种。

"拍假"比较直接，就是拍卖假的作品。有些假的作品是当年画家委托学生、朋友代笔的，有些是画家自己为假画签名认证的，有些是画家家人拿着画家废弃的作品加工以后售卖的，还有些是旁人在画家死后拿着他的印章来盖章假冒的。

现在中国书画界最大的问题是专家的缺失和错位。中国书画本来就复杂，可以说，没有哪个专家不曾"打眼"失误。随着几位老专家离世，现在这个行当已经没有一锤定音的人物可以对一幅字画的真假给出权威性的鉴定意见了。在市面上流通的作品里，只有少数东西被所有人认为是真的，少数东西被所有人都认为是假的，中间绝大多数东西被有的人认为是真的、有的人认为是假的。最终，艺术就变成了概率游戏。

单纯从使用价值来看，买假画也没什么大不了。假如你买了一张假的齐白石的画，那么这说明你对它还不够了解，交了学费，但这并不影响这幅画的欣赏功能和陈设功能。但现在如果你有一定的能力和资本，你就有机会变假为真：你可以找到权威专家为这幅画背书，并且送进二手市场拍卖，经过权威拍卖公司的几轮拍卖，这件作品可能就越来越像真的了。

我们再来看“假拍”。“假拍”完全是一个金融手段，与拍卖没什么关系，甚至我们都不必在乎作品的真假。例如，某个收藏家事先低价收购20张某不太出名的当代艺术家的作品，每张画的收购价为5万元左右。然后，收藏家拿出其中一张送去拍卖行拍卖，找两个朋友相互抬价，最后其中一人用500万元当众买下，这就是假拍。炒作者必须要付10%的佣金给拍卖公司，这就是炒作的所有成本。他投入了50万元成本，可成功地把该画家的身价从5万元炒到了500万元。他手头还有19幅画。第二年，收藏家就可以陆陆续续地将其抛售和变现。

这一类假拍非常隐蔽，要对假拍行为进行监管几乎是不可能的。一方面，因为艺术品的价格比较高，其历史复杂，拍卖行有对买卖双方身份进行保密的义务。很多买家也并不会亲临拍卖现场，而是通过电话委托或派代理人来交易。艺术品市场上往往流传大量的“故事”，却没多少可靠的证据。另一方面，这种炒作严格来说并不违法，但在严重缺乏参照信息的环境下，少数垄断艺术资源的业内人士确实有如此定价的能力。

经济学家对拍卖市场已经进行了很多年的研究，但是对艺术品拍卖市场的研究结果仍然非常匮乏，因为它太复杂，让人难以分辨真假。

艺术品的定价机制

艺术品终究是一种重要的投资商品。我们都知道，很多富豪都有一部分资金投入了艺术品市场。那么，艺术品的价格背后到底有哪些经济学规律?

我们仍然从供给和需求两个方面来观察艺术品市场。艺术品的供给和需求其实一直在变化，我们不妨先看供给。

艺术品市场是非常特殊的市场，它需要很长时间来确认一些产品的价值。尚未经典化的作品可能一再地进入市场流通，不断转手，不断重新估价，可经典作品几乎不会再动。比如，凡·高的作品基本都已经被世界各大博物馆、美术馆收藏，谁收藏了哪一幅凡·高作品，大家心里都清楚。如果有哪个博物馆把凡·高的画送去佳士得，那么这不仅是经济问题，恐怕还会引起全国性的舆论争议。可以说，在市场上购买这些大师作品的时代已经过去了。

但市场对于年轻艺术家缺乏有效的评价标准。安迪·沃霍尔刚出道时，谁也不知道他的作品有多少价值，他的很多作品完全卖不出去。现在安迪·沃霍尔成功了，可一个沃霍尔背后又隐藏了多少个默默无闻的艺术家呢？一种常见现象是，许多还活着的艺术家的作品价格，甚至显著高于死去多年的老年大师的作品价格，中外都是如此。经济学对此倒有一种解释：还活着的艺术家的作品价值还未被确认，因此有更多的空间，可以吸引更多的投机。

我们再来看需求。我们从艺术新闻里经常可以看到艺术品拍卖纪录。毕加索《抽烟斗的男孩》以1.04亿美元价格被德国犹太富商拍走，而塞尚《玩纸牌的人》又以2.5亿美元的价格被卡塔尔王室拍走，当代艺术家杰夫·昆斯的一些“气球狗”动不动拍出3.4亿美元的天价。那么，到底是谁在购买这些天价艺术品？

一些艺术史研究告诉我们，20世纪90年代初，美国的很多产业大亨如洛克菲勒、卡内基等都大手笔地投资艺术。而在这个时期，浙江湖州的丝织业造就了一大批富商，他们成为中国书画最重要的收藏者。随着时代迁移，资本在不同人手中转移。比如，20世纪中叶，日本经济腾飞，许多日本收藏者购买了大量西方近代油画。中东石油资本崛起时的表现也是如此。近些年来，新兴IT资本可能也造就了一批有实力的收藏家。

如果我们不光盯着顶层的艺术品市场，我们就会发现艺术品市场也分为若干层次。一件作品动辄上千万元的高端市场与几万元、几十万元的中低端市场存在显著区别，参与人员、交易方式、运作模式都很不一样。比如，北京有些拍卖公司在隆重的春拍、秋拍之余也会举行一些小型的拍卖会，交易数量很大。在这些小型拍卖会上，我们也时常能看到一些名家的作品，但其真伪完全不能保证。

梅摩指数

经济学家正在尝试为艺术品市场提供可靠的价格参考。例如，梅建平教授与摩西教授共同发表了一篇研究艺术品价格的论文，提出一种新颖的价格指数，即梅摩指数。梅摩指数在很大程度上借鉴了房地产交易的数量模型，根据一些经典艺术品上百年的交易记录而编制，对这些经典艺术品的价格有很好的解释力。很多艺术机构都已开始采用梅摩指数来进行预测，但关于它的争议从它诞生那天起就没有停止过。

艺术品与房地产在很多方面都有相似性。不同的房子有不同的面积、结构、造型和历史，不同的画作也有不同的尺幅、题材、材料和历史。房子有区位、城市、气候等可以比较的主观维度，艺术家也有时代、国籍等主观维度。两者都金额巨大且不容易变现，所以将房地产市场模型挪用到艺术品市场上是个非常巧妙的想法。

但两者还是有很多差别的。艺术品的门类太多，什么都可以是艺术品。框架画作可以进行比较，但装置作品怎么办？还有很多声音作品、观念艺术作品，怎么办？专家对许多当代艺术作品的艺术价值都没有一致性看法，更不用说价格了。同时，艺术品的交易数量也比房地产要少得多，很多艺术品几乎没有或者很少有成交记录，那么把它们的数据放入模型便会产生偏差。可以说，梅摩指数现在可以很好地解释高度成熟的西方古代、近代艺术品市场，但在面对新兴的、古怪的、不断上演好戏的当代艺术品市场的时候，其解释力还存在很多局限。

结　语

看着这家小画廊，我会联想到很多艺术家朋友告诉我的离奇故事。艺术品市场从不是孤立的市场。比如，近年来“八项规定”推出以后，某些艺术家的作品价格大跌。大家这才明白，以前这些艺术家作品的价格定得那么高的原因是有人买去送礼啊……

经济学目前还不能对艺术品市场做出更多深入的分析，但对我而言，这正是它最富有吸引力的地方。

第 5 章

归家：经济学的深入思考

市场机制的争议与无解的“全民医保”

走了很远的路，我开始慢慢往家里走了。我在回家的路上一定会经过一家大型医院。这是一家著名的医院，在治疗某些疾病方面是全国领先的，所以里面永远挤满了人。据我所知，这里不仅有上海的病人，还有很多外地病人专程来这里看病。医疗是个性命攸关的大问题，人们为了找到最好的医生，不要说在外地，就是在天涯海角也要赶过去。

从医院门口经过时，我觉得医院里面最多的是两种病人。一种病人对医院充满了厌恶和恐惧，只是因为看病或体检不得不来医院，就希望看完病早点离开这里，回到家都要从头洗到脚，觉得医院不干净。另一种病人则对医院充满了崇拜，希望反复拜访医院，从而提高自己的健康水平。我常听到走出医院的老年人说："医生竟然跟我说三个月以后再来复诊！不行，我两个礼拜以后就要来！"

据说很多人大半辈子的积蓄都是在生命的最后几个月交给了医院。医院与我们的日常生活、经济生活有着极为密切的关联，但年轻人身体好，不常去医院，因此对医院的认识往往不足。

信息不对称

经济学中有一个非常重要的概念，叫作"信息不对称"。对这个问题的研究已经产生了很多个诺贝尔经济学奖，也引申出一门学科叫作"信息经济学"。

信息不对称无处不在：上班的时候，老板不知道你对着电脑是在干活还是在逛淘宝，但你自己当然很清楚；在闲鱼上卖衣服的时候，你标注"九成新"，但这"九成新"的衣服你到底是只穿了一次，还是穿了半年，只有你自己知道；买水果的时候，摊主把烂的水果藏在下面；在饭店里吃饭的时候，厨师把不新鲜的肉用红烧的方法处理……所有这些现象，都是信息不对称。

只要存在信息不对称，占有信息优势的一方就可以利用信息来获利。如果员工知道老板没法监督自己偷懒，员工多半就会偷懒。饭店如果知道客人没有能力分辨食材是否新鲜，就很可能拿不新鲜的食材来糊弄客人。另外，信息不利的一方也不会那么天真，总会想方设法消除信息不对称，设计出各种监督或惩罚制度。

在医疗领域，信息不对称显得非常严重。对于病人来说，虽然身体是自己的，冷暖自知，但是在看了各种检验报告以后，病人对自己的身体状况就远没有医生了解了。病人只是偶然接触这些知识，而医生却是整天都在处理这些知识，一眼就能看出症结。由于医疗信息不对称，绝大多数病人只能高度依赖医生的判断和建议，很难有其他替代办法。

有人会说：现在有了网络，信息不对称应该没那么严重了。哪个医院环境好以及哪个医生技艺好，在网上查一下不就都知道了吗？可是，很多学者都认为，互联网不仅没有消除信息不对称，在很多时候反而加剧了信息不对称。因为不仅病人会上网，广大的医生和各种代理人也会上网。医生知道病人会通过网上的口碑来评价医生，那么找人刷口碑也就变成很自然的事了。网上的信息真真假假，我们都知道，有不少餐馆把大部分资金用于互联网营销，而做菜只是应付，这就是所谓的具有“互联网思维”的餐馆。医院和医生的情况倒没这么夸张，但互联网一定不可能给你一个简单、真实的结论。

不过，我们也不是完全没有规避信息不对称的办法，有一种办法叫作“每个人都成为自己身体的专家”。我认识一位经济学家，他在身患重病后开始攻读国内外医学期刊上有关这种疾病的最新研究论文，很快就变得和主治医生一样专业，还可以和医生一起从专业角度商讨治疗方案。这种办法很好，但是太困难，医生在医学院可是要读很多年的，并且绝大多数人也没有能力读懂医学论文。

还有一种办法就是货比三家：很多病人拿着一份检验报告去不同医院挂号，或者去不同医院做相同检查。根据统计学规律，如果多个医院的医生都诊治某人得了某一种病，那么这个人得这种病的概率就很高。换句话说，多个医院的医生同时犯错的可能性是比较小的。现实中有很多人就是这样做的。当然，这样做的成本也是比较高的。

但是，医疗总是涉及健康甚至生命的，很多人在这件事上并不喜欢概率，而是更喜欢绝对性。假如有人得病需要手术治疗，第一种方案的安全性是98%，只需要花费1万元；第二种方案的安全性是99%，却要花费100万元。到底应该选择哪一种？不少人会选择第二种。这100万元看似只是消除了1%的风险，可它连接的却是生命，很多人认为生命是无价的。生命的价值其实是一个哲学问题，可以留给大家思考。

医疗的定价

我们在前文讲过供给与需求的关系。在一个不受管制的自由市场里，需求总会导致供给，最终达到供需平衡。但在医疗市场里，这个问题变得很棘手。现实中，好医院的医生、医疗资源永远是短缺的，无法满足所有人的需求，永远面临缺口。传统的经济学家只会一招，那就是放开市场，任其涨价。如果你嫌挂50元一个号的医生服务态度不好，那么你可以去挂500元一个的号。你还可以去私立医院，那里医生、护士的态度是极好的。只要病人愿意出足够高的价钱，就总能买到令人满意的服务。

然而，在医疗市场中引入市场机制的做法往往会招致很多批评。这主要是因为大多数人都相信，接受医疗服务的权利是基本人权，不能用高昂的价格将穷人的医疗权利排除在外，这是一个原则性问题。如果一个LV（路易威登）的包定价1万元，那么老百姓不会有什么意见，因为它不是必需品，穷人买不起也没什么。但是，如果医院把一个知名专家的号设定为1万元，老百姓就一定会有意见，因为这违反了基本人权。

此外，由于信息不对称的存在，如果放任医疗市场化，那么一定会有医院和医生利用现在发达的宣传手段，用低劣的甚至虚假的医疗服务来骗取收入。比如，一些医疗机构因在某搜索引擎上购买广告位而被诟病，这种情况就属于此类。

医疗服务很难引入自由浮动的市场机制，这就极大地限制住了医生的收入。在很多国家，医生的收入往往是很高的。而在中国，很多医生的正当收入就很尴尬，也逼得医生不得不想一些其他办法。对于医生来说，最直接的办法就是收红包，而隐晦一点的办法就是所谓的“以药养医”，通过开一些高价药来收取回扣。

毫无疑问，由于医疗服务的品质存在差异，定价也应该存在差异。病人愿意为不同的看病经历支付不同的价格，经常看病的人都知道。但同时，医疗服务的品质差不多是天下最难考核的。例如：对学生的考核，老师可以出一张考卷；对员工的考核，老板可以设计一套KPI。那么，对医生和护士怎么考核？有很多医生不怎么热情但医术精湛，他的考核分数会怎样？

现代医学有几个特点：一是存在高度的专业分工；二是不断有新技术手段引入；三是不允许出错。医疗需求也有轻重缓急的区分，那些患病比较严重或者患有急性病的人，需要医生有决断力，所以医生拥有很大的权力，整个治疗过程差不多一切都是医生说了算。对于这样特殊的行当，作为供给方的医生要怎样表达才能让患者心甘情愿地把自己托付给他呢？

我们需要一套复杂的系统来维系医患关系。比如，医生个人的名声就非常重要，自古以来都是如此。这里所说的名声必定是医术和医德的混合产品，两者都不能少。比如，医院的品牌也很值钱，历久弥新、越老越好。医院有名气，说明它经得起岁月的蹂躏，获得了好几代病人的认可。此外，医生这个行业的内部规矩也很重要。行医必须有比较高的准入门槛，医生协会也必须是高度自治的专家系统，其权威性不容任何人打折扣。这些制度就是保障正常医疗服务的传统手段。

然而，在现实中，我们发现医疗系统还存在很多问题，这就说明传统手段已不足以应付极为复杂的现代医疗需求了。

无解的全民医保体制

每个人都有看病的权利，这是最基本的人权。国家有保障人民不受疾病困扰的责任。生病是一个概率问题。国家可以提供一定水平的医疗保险，保险公司也可以提供一定的医疗保险。但问题在于，每个人最终应该享受何种水平的医疗保险？这是一个我们必须直接面对的经济问题。

几乎每个国家都为国民提供了一定水平的医疗保险，但保额都是有限的。现在很多重大疾病的治疗费用高达数十万元、上百万元，甚至还有更贵的。如果要一个国家全面支持这一类医疗费用，那么它的医保系统很快便会破产。

在中国人看病的开支中，自费比例很高，这一点甚至在国际上的排名也靠后。但是，在任何一种情况下，医疗开支都是由享受人自己或其他公民缴纳的税金支付的。全民医疗保险的核心问题就是“天下没有免费的午餐”，也没有免费的医疗。全民医疗的本质仍然是用一个国家的钱来为一个国家的公民看病。

按照经济学的逻辑，“免费”总是危险的，本来不该免费的服务一旦采用免费的形式，就一定会被滥用。

从付费到免费，人们的行为会发生变化。比如，在吃自助餐的时候，人们吃的总会比平时在家吃的更多。再如，在请朋友吃饭时，如果你可以用公款报销又没有任何限制，那么你一定会点那些平时舍不得吃的鱼翅、鲍鱼等。我们现在经常能听到一些老人讨论利用医保购买保健品的技巧，这说明医保的漏洞已经不少，假如医保的范围进一步扩大，那么其结果可想而知。

现在，全民医保制度在全世界都是一个难题。以英国为例，英国采用一种“国家全包”的医疗体制，但是这种医疗水平是比较低的。在这种环境下，越来越多的英国人情愿去购买那些不免费的医疗服务，各种私人医生、私人医院、私人购买的商业医疗保险都在英国社会广泛存在。所以，英国的医疗保险体制看似国家全包，其背后实际上还是有大量私人购买在支撑。所谓的“全面医疗国家”也基本都是如此。

全民医保只能保小病，然而像感冒这样的小病去医院看也花不了多少钱，本来也不怎么需要医保。重点就在于大病，而大病不可能由全民医保来支付，最终只能靠自己。富人有钱，可是穷人呢？有什么办法可以解决穷人看不起大病的问题？经济学家对此讨论了很多年，但大家都比较悲观，我们对于穷人生大病恐怕没有什么好的、系统性的解决办法。对此，也许社会慈善援助可以提供一定的帮助。

结 语

从医院门口走过，我能看到人间百态、世态炎凉。医院不是一个给人带来欢乐的地方，它只能尽量解除人们的痛苦，为人们带来希望。我和很多人一样，其实并不怎么喜欢医院。但所有人最终都离不开医院，它注定是我们日常生活、经济生活的一部分。

教育投资是最划算的投资吗

医院前面是一所公立小学，门口有很多家长在等着接孩子。在如今的上海，一个孩子进入公立小学便意味着他在未来数十年的竞争中处于略微不利的位置，因为命运已不完全掌握在他自己手里了。现在的家长都想在孩子身上大力投资，帮助孩子进入私立小学，从而为进入名牌大学抢占有利位置。私立小学在这方面的优势很大，但学费贵、门槛高，对学生和家长都有很多的考验。

既然私立小学很难进，那么退一步，能进好一点的公立小学也不错。但公立小学都是按户籍分配入学的，公立小学也分成好几等。与好一点的公立小学对应的户籍房被叫作“学区房”，其每平方米的房价比同区位非学区房的价格要贵很多。多出来的那一部分价格，就相当于进入优质公立小学的门票。那些掂量自己孩子未必能上私立小学的家长，大多早早为孩子准备好了学区房。

上海人最怕自己户籍所在房子对应的小学是比较差的公立小学。有人给它们起了个名字，叫“菜市场小学”，其背后的意思是这些小学本身位置不好——往往位于闹市，同时很多学生家长就在附近的菜市场卖菜。如果孩子进了“菜市场小学”，那么他以后能考上大学的概率便降低了。

而户籍所在房子对应的小学到底是牛校还是“菜市场小学”，似乎是个随机事件。很多家长表示，很早就注意到了这一点，所以提前安排了孩子进入私立小学的计划，同时也买了学区房。但是这背后都需要财力支持。对于那些户籍对应“菜市场小学”又买不起学区房的家长而言，这给他们带来了无尽的苦恼。

人力资本

首先，我们要介绍一个概念，叫作人力资本，这是经济学家在20世纪中叶提出来的。这个概念一提出来就引起了广泛的争议。

很多主流经济学家认为，世界上只有一种资本，叫作物质资本。比如一笔资金，哪怕用来买了原材料，我们仍然承认它的资本属性。因为只要把这批原材料在市场上出售掉，我们就能重新获得这笔资金。

但如果我们把一笔资金用于儿童教育或者员工培训、员工体检，那么这笔钱投下去便不见了。这还是不是资本，人们对此存在疑问。所谓“十年树木，百年树人”，人力投资的回报周期是非常长的。对于企业员工的培训，我们大概过几年就能看到效果；对于儿童的教育，我们也许要等上10年、20年甚至更长的时间才能看到效果。

设想一下，把一个孩子从小学培养到大学毕业，前前后后的开销恐怕得上百万元。年轻人大学毕业刚开始工作，收入一般很低。等到能获取非常高的收入时，他大概已经到中年了。而且，人的成长过程非常复杂，对于一个成功的高收入中年人，你又怎能断言他今日的成功与小时候的教育投资有关？

既然教育投资和回报两者之间的因果关系非常复杂和薄弱，我们就应该好好反思一下“人力资本”到底是不是资本？如果我们能够基本赚回来或者还有盈余，人力资本就接近资本。

对此，自古以来就有两种对立的看法。一种是人力资本论，所谓“万般皆下品，唯有读书高”“再穷不能穷孩子”等。另一种是反人力资本论，所谓“造原子弹的不如卖茶叶蛋的”“读书无用”等。对教育投资回报的计算很困难，在经济学的实证研究还不够发达的时期，经济学家很难回答这个问题。家长也算不清，因而，对孩子的教育投资，一方面是出于直觉，另一方面是出于爱。

但是，现在的经济学家掌握了更多的工具，可以对这个问题展开长期分析。根据一些经济学家的估算结果，20世纪90年代美国教育投资的年回报率达到18%，这是一个很高的水平。到了2010年以后，美国教育投资的回报率有所下降，但仍然有15%，还是很高的。相比之下，美国股票的投资回报率在7%以下（毕竟人人不都是巴菲特，而且巴菲特在2000年以后的投资收益率也达不到15%）。假如你投资其他品类，比如黄金，那么你的回报率可能只有2%～3%。所以，经济学家可以很有信心地告诉家长：如果你有一笔资金不知道投资方向，那么你就投资在孩子的教育上。这是一笔非常划算的投资。

另一些经济学家专门研究了美国高等教育的回报率。美国大学的学费很贵，所以一些美国家长不鼓励孩子读大学。而经济学家研究的结果发现，美国高等教育的回报率很高，而且越是靠近现在，其教育投资回报率越高。1963年，一个典型美国大学毕业生的平均工资大概比一个典型高中毕业生的工资要多出50%。后来，两者之间的差距变得越来越大，尤其在1980年之后更是加速拉大。2012年左右，两者的差距逼近100%。这就说明，现在美国一个拥有大学文凭的人平均比只拥有高中文凭的人多赚了近一倍的钱。教育是很有价值的。

人力资本与家庭

这些年，学界对“人力资本是不是资本”的争议变少了，大多数经济学家都接受了人力资本也是一种资本。虽然人力资本变现的时间和手段变得困难一些，但它的价值是应该被肯定的。现在，就连一般的企业，也都喜欢使用“人力资本”或者“人力资源”这样的概念。

现代社会逐渐形成共识：一个家庭应该更多重视孩子的质量而不是数量。有经济学家提出一套宏观经济增长理论。这套理论认为，一个社会从重视儿童数量转向重视儿童质量，是经济从停滞向现代经济增长模式过渡的关键所在。19世纪之前，经济增长缓慢，生育率居高不下。到了20世纪中叶，这种情况在西方世界发生了逆转，生育率降了下来，人们在每个孩子身上投入的人力资本极大地增加，这也促进整个社会的经济取得了进步。

一个人从小长到大，他的基本能力、身体健康水平、受教育年限在很大程度上都是由他的家庭决定的。即使他大学毕业走上工作岗位，他找工作的经历、工作的情况可能还是会受家庭的影响。每个人的家庭都不一样，甚至可以说相差甚远，所以研究人力资本的投资回报也离不开对一个人原生家庭的研究。

我们不妨先来讨论一下原生家庭对个人的影响。我们经常说，高考是人生中最重要的一场考试，一考定终身。高考虽然有很多问题，但总体还算是比较公平的考试。高考考完，大学读到毕业，是不是所有学生都在同一条起跑线上？这个问题很复杂，我们需要从两个不同方面来比较。

我们先从相同水平的学校来比较。经济学家的研究结果显示，教育不能改变家庭对个人的影响。读过大学的朋友不妨将自己与其他同学做一下比较，我们不难发现，家庭的优势和劣势在很大程度上影响了每个毕业生未来的收入和发展前景。对于家里有钱有势的同学或者家庭给予支持较多的同学，其以后的工资显著高于家庭缺乏背景的同学，这就是俗称的“拼爹”。

我们再做一番纵向比较，将一个家庭条件比较差但通过自己努力考上较好学校的学生（寒门出的贵子），与另一个家庭条件较好但自己只考上二流学校的学生做一番比较。经济学家发现，两者毕业以后的收入水平差不多。也就是说，教育确实能够促进阶级流动，使得一些贫困家庭的孩子摆脱不利的状况，得到回报。当然，这种促进仍然是有限的。

但我们进一步思考这个问题：一个真正有钱有势的家庭，怎么能容许自己的孩子落入二流的学校呢？有钱家庭的孩子从小就能获得更好的营养、更多的照顾，在学习期间也会有更好的学习条件和学习环境。比如，我们前面讨论的私立小学和学区房都是富人才能考虑的选项。在这种环境下，富人孩子考上一流学校的机会要远大于穷人孩子，经济学家近年来对一些一流大学的研究都证明了这一点。而前面做的横向、纵向比较只是说明，富人的孩子相比穷人的孩子总是拥有优势，即使他们没考上大学，最终家长也能帮助他们扳回劣势，其收入不会比穷人的孩子更糟糕。

社会资本

现在有许多研究发现，计算教育投资回报率这件事很复杂，因为孩子未来的收入水平不仅和他接受教育的年限有关，还和很多其他因素有关。例如，教育的回报率和孩子读书的城市有关。同样是读一流大学，在北上广读书和在西部城市读书，其教育回报率相差很大。

大城市会对个人产生巨大的影响。比如，大城市往往有比较健全的基础设施，个人的活动机会就会增加很多。大城市有更丰富的信息、精神娱乐活动，更有利于交际网络的扩散，这些都是受过高等教育的人群所热爱的。所以，大城市本身就会给教育带来更多的回报。高考分数也证明了这一点，北上广的很多二流甚至三流高校，其高考录取分数都已经不亚于偏远城市的一流高校。

又比如，教育的回报率和学校本身有很大的关系。同样是本科四年，读二流大学和读北京大学相比，其最终的回报率截然不同。这个差距是否完全是由北京大学高质量的教育引发的呢？不一定。经济学家认为，两者之间最大的差别还是教育带来的人脉差别。你在读书期间所结识的同学、朋友在很大程度上影响了你未来的收入水平。

社会学家在研究一个人是如何找到手头的工作时发现，一大半的人都不是自己投简历、面试找到的工作，而是通过亲戚、同学、朋友的介绍（通过关系）找到的工作。很多时候，这些关系还不是直接的同学或朋友，而是同学的同学、朋友的朋友，一层层扩散出去才能联系上的人。所以，一个人的工作和收入不仅与他的人力资本有关，还与他的社会关系有关。

社会学家给这类社会关系起了个名字，叫作社会资本。不过，有些经济学家不同意这个说法（“人力资本”被争论了那么多年终于有了定论，现在又来一种“社会资本”）。人力资本好歹还凝聚在个人身上，社会资本只是个人与很多人的关系，更加虚无缥缈。假如我们投资很多钱去结交朋友，那么我们如何保证未来这些投资有机会收回来呢？

不过，不管经济学家是否接受“社会资本”这个概念，这些社会关系与个人的工作和收入之间存在显著影响，这是不可否认的事实。目前，很多经济学家在这个领域工作，都希望能早日把社会资本用更明确的实证研究敲定下来，就像人力资本一样。

结 语

我眼前这所公立小学既算不上“菜市场小学”，也算不上优质小学。所以，学校门口的家长还比较淡定，没有太多的焦虑。但我很清楚，教育过程中危机重重，家长和孩子往后还要面临更多重大挑战。

让孩子学各种特长就只是内卷吗

我走过公立学校，身边是一个大商场。现在，商场的生意并不好做，能保证赚钱的生意只有餐饮和培训。所以，这个商场的二楼被各式各样的亲子教育、早教机构给占领了。现在的培训内容令人眼花缭乱，各种主流和非主流的项目都有培训。主流项目的培训包括像英语、数学之类的考试科目，这些培训早就非常成熟，而且已经被划分得很细致；非主流项目包括的范围可就广了，比如唱沪剧、变魔术、主持节目和到野外抓虫子，所有你能想得到的项目都有人提供培训。

培训产业的蓬勃兴起是当下很值得我们思考的一个问题。家长为什么要孩子学习那么多奇怪的技能呢？难道现在的家长或孩子比以前的人更好学？同时，我们要继续追问：现在网络如此发达，网上有各式各样的公开课、教学视频（哈佛老师的、耶鲁老师的都有），不少还是免费的，人们为什么还要专门出去接受培训呢？

信号发送模型

事实上，有一种重要的经济学模型可以解释这个现象，这种模型叫作“信号发送模型”。有一批经济学家认为，在信息不对称的情况下，选拔者只能利用一切直观可见的信息来进行选拔。此时，个人学习的经历可以作为一种积极的信号发送给选拔者，从而让自己处于有利的位置。举例来说，假设你是一个民办小学的招生老师，现在面对数十个、上百个前来报名的孩子，都是第一次见，对所有人都一无所知，你应该如何选择呢？

你的目标是从中选拔最聪明、能力最强、未来学习表现最好的孩子。可你只有5～10分钟来了解每个孩子。此时，孩子身上的各种信号都是极为重要的。如果孩子已经学过英语、数学、唱歌、跳舞，那么这至少说明家长对孩子的教育是很重视的。孩子学的东西越多、越贵，这种信号就越强，就越有可能帮助孩子说服选拔考官。

所以，重要的不是培训本身，而是培训后的那张证书，它可以表明家长对孩子教育的重视。孩子在家自学没有证书，没人能证明，所以这一点意义都没有。在选择课外兴趣班的时候，家长也必然要考虑投入成本。比如，大家都觉得围棋这个项目很好，它可以开发智力、锻炼意志。但是，它有一个最大的缺点，即进入门槛（成本）太低。买一副围棋花不了什么钱，每次学习也不贵，任何人都能学。真正用心的家长会尽量让孩子学高尔夫、马术、赛艇，至少要学网球，这些项目收费都比较贵，一般家庭支持不起。

在个人成长过程中，信号发送一直都起到关键性作用。以高考为例，我们都知道高考至关重要，所有人都想尽办法要去北大、清华。因为重点大学毕业生的起薪要比普通大学毕业生高很多。大家都读了四年本科，为什么毕业薪水差那么多?

有两种经济学理论可以解释这个问题。第一种理论是我们上一节讨论过的人力资本理论。我们可以认为，北大、清华的老师教学水平更高，在这种环境下学习四年，你的人力资本积累也比其他同学更高，所以毕业以后你就能获得更高的薪水。这种解释有说服力吗？至少我对此心存疑虑。

有个经济学家叫斯宾塞，他提出了另一种解释，日后也因此获得了诺贝尔经济学奖。他认为，公司在招聘应届大学生时，对大学生的基本情况一无所知，而且由于大学生没有工作经验，公司无法依据他们在学校里的学习表现来推断他们以后的工作表现。于是，公司招聘部门只有一个办法，那就是挑选最聪明、学习能力与适应能力最强的大学生。

高考本身是一次比较公平的选拔，全国各地的孩子用同一场考试来进行衡量。北大、清华这些学校选拔出了在12年备考过程中最优秀的学生。我们有一定的理由推断，这些学生在考试时最聪明、最厉害，那么他们在以后工作时也会比较厉害。所以，公司只要招聘这些名牌大学的毕业生就好。至于这些大学都教了些什么或者学生都学了些什么，公司并不关心。

用这种信号传递模型解释毕业后的工资差异，对原先的人力资本模型提出了严峻挑战。如此一来，名牌大学本身的教学是否就完全不重要了呢？经济学界还在进一步研究这个问题，但是这个模型的思考角度非常重要，它对后来的经济学发展有重要的启发。

逆向选择

既然说到了教育，我们就继续往后推理：毕业后，留学海归的起薪是否更高呢？这个问题很有意思。因为很多人已经发现，出国留学的经历在中国并不总是加分项，有时也会变成减分项，甚至可以被称为“简历污点”。

假设你是“北清复交”这类国内一流大学的本科毕业生。如果毕业以后你想出国留学，那么你一定要选择一流国家一流的大学，最好别去二流的留学国家（比如澳大利亚）读一个硕士。我倒不是觉得澳大利亚各所大学的教育质量真的与其他欧美大学有多大区别。问题在于，如果你从国内一流大学去国外非一流大学留学，那么这可能会给用人单位发送一个不太理想的信号。用人单位会质疑，为何你愿意做出这种选择，是否因为大学读得不好、成绩太差，才和其他人一样去洗学历？用人单位对你完全不了解，只能通过你的主观选择来推测你的能力。

经济学家很早就注意到了这种思考方式。诺贝尔经济学奖得主阿克洛夫在1970年的一篇讨论二手车市场的论文里讲了一个堪称经典的故事。西方国家的二手车交易很普遍，但在二手车交易中存在着信息不对称，买家往往很难分辨一辆车的新旧好坏，以及其平时的使用和保养情况，这些只有卖家才清楚。卖家永远宣称自己的车是好车，他的表态没有意义。买家对高品质车有一个估价，对低品质车有另一个估价。买家觉得自己有一半概率碰上好车，有一半概率碰上坏车，因此只愿意支付一个平均价格，即高于对坏车的估价但低于对好车的估价。这就是买家的心理价位。

面对买家开出的价位，卖家只有在手上是坏车的情况下才愿意出手。此时，他还能赚一点。但是，当卖家手里拥有的是一辆好车时，他知道好车价值总是难以得到承认，不愿意出手，就只能离开这个市场。当然，买家也清楚卖家的心理，知道好车会离开市场，于是会进一步调低自己的心理价格。久而久之，市场上的好车都会陆续退出二手车市场，买方愿意支付的价格越来越低。最终，整个二手车市场都只剩下坏车，买方愿意支付的价格也等于坏车的价格。此时，市场实现了均衡稳定。

回顾二手车市场的演变过程，我们发现这是一个悲剧。二手车交易原本是对买卖双方都有利的事情，双方也都愿意根据车的质量来付钱。可就是因为双方存在信息不对称，最终导致好一点的车全都离开了市场，整个市场只剩下最糟糕、最没有价值的车。二手车市场就这样彻底被败坏了。

阿克洛夫用二手车市场帮我们描绘了一种“劣币驱逐良币”的场景。信息不对称导致优质卖家不被承认而退出市场，只留下劣质卖家，经济学家将这种情况称作“逆向选择”。如何避免逆向选择现象的出现是经济学家一直在研究的问题。

我还听说过一个故事，不知真假，但与逆向选择有关，这里顺便与大家分享一下。

越战期间，一个美国保险经纪人在卖与战争有关的抚恤金保险时卖得特别成功，于是大家就向他请教是怎么卖保险的。他说很简单，就是跑去一个个兵营里，与入伍参军的小伙子们聊天：“小伙子们，你们考虑一下这种抚恤金保险吧！如果你们在越战中死了，那么你们的家属将得到10万美元的抚恤金；而如果没有这种保险，那么你们的家属只能得到5 000美元的抚恤金。”

士兵对此不屑一顾：“如果我打仗死了，命都没了，那么赔偿10万美元还是5 000美元跟我又有什么关系？反正我又拿不到。”

这位经纪人微微一笑：“你们想一想，假如你们是政府官员，是会派那些买了保险的人上前线还是没买保险的人上前线呢？”

从婚姻市场到证券市场

信息不对称是一种普遍现象，在所有市场都有体现。一方面，很多人会利用这种情形扭曲自己的行为；另一方面，很多人也在想方设法设计出一些制度，以传递信息、克服信息不对称。

比如，婚姻市场就是经济学家经常讨论的市场。我们知道，缔结婚姻是一套非常复杂的关系。但抽象一下，把男方看作需求方，把女方看作供给方，婚姻就变成双方家庭之间的一次成功配对。问题在于，男女双方家庭存在信息严重不对称。在结婚之前，双方对彼此的了解程度必然极其有限。在欠发达的农村地区，这种信息不对称情况更严重。

因为不好的家庭背景一定会增加婚姻本身的风险，于是很多手段都被发明出来，用于了解对方的家庭背景。其中最古老的一种，叫作彩礼。在结婚之前，女方家庭往往会向男方家庭收取一笔金额巨大的资金。如果男方家庭愿意拿出来这笔资金，那么这说明其家庭条件比较好，女方嫁过去不会受太多的罪。所以，越是贫困的地方，往往就越看重彩礼。同时，也有经济学家发现，在某些地区，新娘受教育程度越高，女方父母可能要求的彩礼也就越多。因此，彩礼这种制度也更强地激励了女方父母让女儿接受更好的教育。

当然，父母索要彩礼可能还有其他考虑，比如对于女性可能丧失继承权的补偿，或者作为以后可能发生离婚情形的保证金，等等。我们这里仅仅从信息不对称角度进行讨论。如果觉得婚姻市场过于复杂的话，那么我们再来看看其他一些市场。

有朋友经常在闲鱼上转卖二手衣服。二手衣服的信息不对称情况本来就严重，更何况还隔着互联网。我曾向她请教二手衣服的定价机制。她说根据经验，对衣服的定价最好在原价的三折左右，这样吸引来的购买者的素质最高，交易之后双方也最愉快。对二手衣服的定价不能太高，太高就没有优惠可言，不能吸引买家；但定价也不能太低，更不能白送。经验表明，二手衣服定价太低，吸引来的买家反而更挑剔、更计较，缺乏对衣服价值的清楚认识，要做成生意就要付出更多的心力。而适度的定价可以把真正懂行的买家和外行的买家区分开来。所以，这时候的定价机制竟然也成为卖家遴选买家的一种机制手段。

这些信号发送手段在最复杂的证券市场里也有很多体现。比如，上市公司需要融资时一般有两种手段：一种是增发股票，另一种是发债券。但问题在于，外人并不清楚公司经营的内部状况。由于信息不对称，外人往往只能通过观察企业的融资手段来推断。如果一个企业增发股票，那么投资者会推断：假如看好企业前景的话，管理者一定不会将未来巨额利润从老股东手里通过发股票的方式向新股东转移，就算要融资，也只会通过借债的方式。现在企业既然增发股票了，企业未来的前景就一定不为管理者所看好。于是，与发债券相比，增发股票就变成对企业不利的一个信号了。

结　语

从让孩子学各种特长，我不由想到，很多名人或者高官的孩子根本不需要什么证书就能去海外名校读书，或者进入令人羡慕的大公司，因为其父母的名字本身就是很有力的信号。而作为普通人的家长，为了传递更强一点的信号，只有拖着孩子四处培训拿证书了。

谁来支付老人的养老金

走着走着，我离家越来越近，正好经过一个公共汽车站，车站上基本都是老年人。似乎现在坐公共汽车的年轻人越来越少，公共汽车已经变成老年人的专用交通工具了。我猜，其背后的主要原因是，年轻人的时间宝贵，不愿等待不怎么准点的汽车。有钱的就开车、打车，没钱的就坐地铁或骑共享单车。而老年人对时间成本看得最淡，多等会儿无所谓，再加上公共汽车票便宜，所以公共汽车才会成为老年人的专用交通工具。

公交车上的老年人是一个缩影。和其他发达地区一样，上海的老龄化程度已经非常严重，尤其在上海市中心拥有本地户籍的人群中，老年人已经占据了绝对主流。随着时间推移，这个比例会进一步提高。如果没有外地移民，那么上海的老龄化会导致恐怖的后果。即便现在上海有将近一半的外来人口支撑着上海经济，上海人口的老龄化也提出了一系列的重要问题，其中最根本的一个问题是，谁来支付他们的养老金？

养老金问题

几十年前，曾有经济学家表示，老龄化是一个新问题。如今我在学习经济学家对老龄化的研究时发现，老龄化基本上还是一个新问题。

美国学者舒尔茨在1976年撰写了一本《老年经济学》教科书，这是老龄化研究的经典之作。书中有一句话曾深深触动我："老年人并不是一个由相似成员构成的群体。"也就是说，老年人的经济状况相差悬殊，富裕的很富裕，贫困的很贫困，因此，他们的生活状态完全不同。

中国老年人严重缺乏其他获得收入的渠道，所以老年人生活的核心问题就是收入问题，或者说是财富问题。很多老年人其实都还有一定的劳动能力，还能工作，但是现在很少有企业敢聘用自己不太熟悉又超过退休年龄的人，所以很多老年劳动力被荒废，只能回归家庭。

有些老年人在工作时期已经积累了足够的财富，或者退休后能得到子女的经济支持，衣食无忧。上海有相当一部分老年人就处于这个阶层。我做过一项有关旅游的社会调查，结果发现，上海老年人表现出极强的出国旅游的消费能力，丝毫不亚于正在工作的年轻人，而且他们的旅游热情并不会随着年龄上升而减弱。我们经常听说很多老年人都已经环游世界好几圈了，还动辄要挑战非洲、南极洲等高难度地区，这些都是他们经济实力的体现。

但对另一些未富先老的老年人来说，日子就难过很多。他们没法开源，就只能想办法节流，省吃俭用。而对于原本就没有退休金的农村老人而言，很多就只能依靠子女。近年来，我们经常听到各类诈骗或者投资P2P（点对点）爆雷的故事，受害者多是老年人。除了批评老年人无知、贪婪以外，我们也应该理解老年人的焦虑。他们确实没有其他收入来源，但又想致富，想为家庭发挥更大的作用。

每个老年人的经济状况都有所不同。从政府层面来看，政府应该施行完善的养老金制度，保障所有的老年人都能够维持最基本的体面生活。不过，养老金的运营管理在全世界都是一个难题，我们只能边执行边调整。

一般来说，政府有两种最基本的管理养老金的手段。其中一种叫作“现收现付制”，通俗地说就是用现在年轻人缴纳的养老金来支付这一代老年人所需要的养老金。虽然每个年轻人缴纳的钱并没有直接用在自己身上，但只要保证这种代际转移的机制持续不断，以后自己养老时就会有更多的年轻人缴纳养老金来支持自己。这种制度非常稳定，但有一个前提条件，那就是人口年龄结构不变，如果每一代年轻人与老年人的数量都相仿，这样年轻人的压力就不会太大。

可惜的是，目前中国的人口结构就不满足这个特征。20世纪五六十年代的高生育率，以及1980年以后持续30年的计划生育，导致目前中国很多地方的人口结构都不平衡。上海就是一例。上海户籍的年轻人与老年人不成比例，所以单纯依靠年轻人的税收来支付老年人的养老金是不现实的。

另一种筹措养老金的方式叫作“基金制”，就是将所有老年人的养老金都放在一个基金池里，确保这个基金能保值增值，再用这个基金池里的资金来支付老年人的养老金。这个想法不错，金融手段可以有效弥补人口结构不一致的问题。在理财师精心管理下，基金的增长幅度也有可能与养老金需求的增长幅度相匹配。

而“基金制”的最大问题在于风险。基金需要专业公司来管理。再专业的公司，只要追求盈利，就会面临一定的风险。根据金融学的定律，风险一定与收益相对应，资金追求越高的收益，就必定面临越高的风险。问题在于，养老金并不是一般的资金，它几乎不能承受亏损的结果，养老金亏损的后果不堪设想。所以，在基金制的模式下，如果人口结构的变化对养老金的增值提出了更高的要求，那么它本身也必定暴露在更高的风险之下。

老年人的需求和供给

人口老龄化是个很严肃的人口学问题，而我们对此束手无策，全世界都束手无策。随着医疗水平的进步，以及营养和养生水平的提高，全世界老年人的预期寿命都会变得越来越长。我们不可能去缩短老年人的寿命，只能想办法提高年轻人的出生率，这样才能在总体上降低人口老龄化的程度。但将出生率压下去好办，可以有各种强制手段。而出生率要提升是极为困难的，直到今天都几乎没有国家成功过。所以，人口老龄化是全世界面临的难题。

老年人也是人，他们会有一些特定的需求，比如对医疗的需求，对照顾的需求。老年人的医疗需求确实是刚需。老年人身体机能自然退化，科学知识也不够，患病的可能性比年轻人高得多。但是，人老了以后对医疗的需求也在发生微妙的变化。

随着年龄的增长，一个人距离死亡也越来越近。由于对生病和死亡的恐惧，很多老年人逐渐变得害怕体检、害怕面对真实，转而投向一些保健品和养生秘方。从经济角度计算，他们投在保健品和养生秘方上的金钱只会比正常体检和医疗更高。这就是人们在生命不同阶段对健康需求的不同看法。

同时，老年人也有一些普遍性的需求。比如，老年人需要吃饭、买衣服、打车，也需要各种层面的社交。但是，从供给侧来看，我们对老年人的供给是严重不足的。除了保健品以外，很少有产品会考虑老年人的需求。一些比较酷炫的餐馆里很少能看到老年人，最新的智能手机应用也很少考虑老年人所面临的困难。从供给者的角度来看，老年人很少有生活方面的需求，他们总是很节省，不愿意改变，总有囤积东西的癖好。所以，老年人愿意支付的费用很低，他们并不是一个在经济上值得重视和加以开发的群体。这是一个令人悲哀的现实。

老年人与普通人群之间往往存在显著的“数字鸿沟”。很多国家都有一些NGO（非政府组织）致力于教育老年人使用智能手机或者电脑，帮助他们缩小数字鸿沟。在过去几年，中国智能手机的增长率和普及率在全世界名列前茅，令人震惊。不得不说，微信这类应用帮助中国老年人极大地缩小了数字鸿沟，可见这类应用的贡献还是应当得到承认的。

家庭代际问题

对于代际传承，中国老年人有着一种神圣的使命感。年轻人总是抱怨父母不断地催婚、催生，把自己的需求转嫁到子女头上，但从家庭角度来看，中国的老年人往往又是最具有利他主义的人。他们为了子女或第三代的福祉，往往愿意牺牲自身的福祉，放弃自己的偏好和理想，把劳动力投入家庭中。这种强烈的利他主义偏好与文化有着密切关联，在全世界范围内也并不多见。

在中国，老年人普遍承担起照顾第三代的责任：买菜做饭，接送孩子，甚至教育。在上海这种压力极大的城市，有孩子的年轻人甚至中年人，一般都需要父母来照顾或者分摊家务。免费使用老年人的劳动力，是这些家庭得以在上海立足的隐藏条件。对于原本就居住在上海的老年人来说，这种情况还好，可还有很多原本不生活在上海的老年人，不管他们来自农村还是城市，为了照顾在上海打拼子女的下一代，不得不放弃亲切熟悉的家乡生活而漂在上海。有人把这个群体称作“老漂”。“老漂”的生活质量很难得到保证，毕竟年纪大了，要融入上海这个陌生的大都市绝非易事。

很多对劳动问题和家庭问题的经济学研究都忽视了这个隐藏条件。老年人和子女一起居住，往往是各式生活矛盾的根源。家家都有本难念的经，老年人的居住和生活模式各种各样，经济学家无法用简单的经济分析来概括。目前已经有不少学者开始研究“流动的农民工”，我们还期待更多的学者开始关注“流动的老年人”。

研究老年人行为的最大困难在于，老年人的经济活动很难被看到，我们关于老年人生活的经济数据也很有限，似乎老年人一退休就从我们的视野里消失了。他们往后的生活再也无法激起经济学家的兴趣，这一点是很可惜的。我们在公园里、公共汽车上经常能看到老年人，但是我们能看到的老年人终究只占上海所有老年人中极小的一部分。绝大多数老年人忙着在家里做家务，比如带孩子、买菜做饭、收拾屋子等，平时的外出活动很少。同时，老年人也很少有自己的媒介平台，很难发声表达。

老年人也有自己的微信群、朋友圈，但是对于大多数还没有步入老年的人来说，这个世界完全是隔离的。我们对老年人的真实需求和心理特征的了解非常有限。经常有人列举一些我们日常生活中的奇观，比如上海宜家商场的餐厅，往往成为老年人的交友区和相亲角。在宜家商场，只要办一张会员卡就可以免费喝咖啡，于是很多老年人就聚集在这个环境优雅又有免费咖啡的餐厅里，用他们自己的方式进行社交。别人觉得这是一种奇观，可老年人对此有自己的评价标准，有自己的倔强。

老年人需要被看到，需要引起更多经济学家的关注，这是日趋老龄化的社会对我们提出的要求。

结　语

我走过公共汽车站继续往前走，仔细观察，路上确实有不少老年人，只是人们的目光总不愿意在这些老年人身上多做停留。

每个人终究都会老去，那时我们对这个世界的观察应该会有一些改变吧！

从河网密布的水城到钢筋水泥的森林

在离我家还有一个街区的时候，我要穿过一条宽阔的马路，马路上有一座高架桥，通向远方。晚上，高架桥上停满了车，堵得厉害。我还记得20多年前没有建高架桥的时候，上海不是这样的。为了城市建设，当年修建高架桥的时候动迁了数以万计的沿街居民，我所熟悉的很多老建筑就这样不知不觉地消失了。头顶的高架桥、地下的铁路，全都是整个城市巨大变化的体现。

如今的上海已经扩展到很远的地方。不管是松江还是青浦，这些过去人们郊游才会去的地方，如今都遍布地铁，甚至成为很多人购房的选择。同时，上海的人口构成也发生了巨大的变化。小时候，我的身边都是上海人，大家都说上海话。现在，上海已经有接近一半的人是外来人口。

上海的变化非常惊人。很多老朋友感慨，在国外生活个一年半载再回到上海，就会发现自己已完全不认识上海，哪怕从小到大所在的街区也已经变得面目全非，只能通过手机上的地图来导航。上海在过去几十年经历了翻天覆地的变化，我们熟悉的上海在很大程度上已经消失了。未来，上海还会继续这样翻天覆地地改变吗？关于这个问题，我已经听各类经济学家、建筑学家和城市规划学家讨论了很久。

集聚效应

我们首先尝试回答一个基本问题。现在上海的房租非常高，物价非常贵，如果我们用收入和物价的比值来衡量在一个城市的生存压力的话，那么上海的生存压力其实很大，即使放在全世界范围看，也属于压力比较大的地方。既然如此，为什么还有那么多人要来上海？

我曾经就这个问题问一个非上海出生的朋友，她30多岁了，单身女性，没有结婚，更没有孩子，可以专心于自己的事业。她说，如果在老家工作生活的话，那么她一定会被亲戚朋友、左邻右舍指指点点，父母更会把她“骂死”。而在上海，女性的平均结婚年龄都快接近30岁了。大家平时都自顾不暇，哪有精力去关心别人的隐私。从这个角度来看，上海是全国最具包容性的城市之一，这就是她选择上海的重要理由。

另外，我也听一些艺术家说起过定居上海的理由。这些艺术家朋友在国外受过很好的艺术教育，在世界很多地方从事过艺术工作，但他们最后还是选择定居上海。其中一个重要的理由是，上海有比较好的艺术氛围，也有比较发达的艺术品市场。艺术创作是个人的事，但艺术家也需要通过交流讨论来激发灵感，需要观摩各种展览来开阔眼界。目前在中国，恐怕只有北京和上海拥有足够丰富的文化资源。

这些理由可能太小众，我们再看一些大众的理由。从经济学角度来看，很多人离开家乡、投奔上海，就是因为在上海这样的城市，他们更容易找到工作，也有机会找到高收入工作，或者可以享受较高品质的生活。

很多企业确实更愿意把公司总部设立在北上广深这些大城市。公司总部不仅要设在大城市，最好还要设在市中心。不管是金融行业、IT行业还是汽车，都需要大量受过高等教育、专业教育的毕业生。虽然中国高等教育在不断扩招，大学生数量增多，但大企业很清楚，数量不等于质量，只有在大城市才能以比较低的成本招募到足够数量的、具有理想技能的人才。比如，一个专业工程师辞职了，公司在一个小城市里可能很难找到顶替他的人，而在大城市里就比较容易了。出于劳动力可获得性的考虑，这些企业就应该把公司总部设在大城市。

同时，一个企业还必须考虑它与上游和下游的关联。一方面，企业要与供应商保持密切的联系；另一方面，企业需要接近市场，随时可以根据市场需求的变化调节自身生产。在这些方面，大城市都比中小城市更具备优势，这些都应该是企业重点考虑的因素。

企业选择的背后可能还有一种更深层次的考虑，那就是大城市具有更多的“知识”。这里说的“知识”含义非常广泛，指的是能够被企业家意识到的、能够帮助企业发展的对企业有意义的一切信息。知识具有一种集聚的特征，也就是说知识的空间分布是不平均的，大城市拥有的知识要比中小型城市多得多。一个城市规模越大、人口越多，其知识就越丰富，而且这种知识的增长速度比人口增长的速度更快。所谓“知识就是力量”，很多企业看中了大城市，也就是看中了大城市里包含的知识。

劳动分工

我们再从生活的角度来看大城市的特点。前一阵，我碰到一个朋友，他曾在美国生活了几年。他说，他在美国特别想念上海的生活，因为上海的生活太方便了。他在美国生活在一个偏远的小城市，所谓的小城市和农村也差不了多少。小城市拥有非常美丽的风景，但生活不方便。比如，晚上10点他突然还想吃点热饭，而冰箱已经空了，他就只能开车20分钟到最近的麦当劳吃薯条。而在中国的大城市，不管几点，只要在手机上按两下，热腾腾的麻辣烫一会儿就送到了家门口，这真称得上雪中送炭了。

又比如，我们一般都习惯从网上买书。有时候我工作到半夜突然想看一本书，就顺手在网上下了单，第二天一早8点，我还没睡醒就听到敲门声，这本书已经送到了。这种速度令人瞠目结舌，在全世界都首屈一指。我们知道，一本书在这么短的时间内千里迢迢地传递到我手里，当中必定经历无数环节，而每个环节上的工人只是专心做好自己手上的工作，就最终实现了快递的奇迹。

劳动分工是以大规模的需求为前提的。如果只有我一个顾客偶尔产生了半夜想看书这种奇怪需求，那么绝不会有企业专门投资这种物流。正是因为上海拥有2 000多万人口，每时每刻都产生大量的物流需求，投资物流才变得有意义。相比之下，西方国家的物流要差得多，绝对没有中国这种效率。并非西方国家的技术跟不上，实在是因为它们的城市人口规模不够大，没有那么多需求，也就不值得企业投入巨大的人力来建设物流了。

除了外卖和快递，上海还能以比较合理的价格提供居民众多便利的服务。比如，请个阿姨来帮忙打扫卫生，请个钟点工来照顾老人，等等。很多人抱怨，在国外，哪怕在企业里做到了中层都没有经济能力来请人长期做家务。国外的劳动力价格实在太高，由于最低工资法保护，约束极多，但家务水平却不见得很高。而在中国，钟点工的工资相对合理，中产阶级也请得起。而且，劳动分工细化之后，钟点工做家务的水平也日益提高了。

上海特别需要劳动分工。很多专业人士的工作压力极大，天天加班到半夜，连做饭的力气都没有，更别说打扫屋子了，所以外包家务对于他们极为重要。只有免除他们的后顾之忧，才可能让他们全力以赴地投入工作中。这一切，只有在大城市才可能实现。

城市化的成本与收益

基于以上考虑，经济学家普遍认为城市化是一个重要的现象，城市化对于经济发展、人民生活的提高都起到了重要的促进作用。如果上海只是一个一两百万人口的小城镇，那么以上这些奇迹都会不存在。

中国经济在过去的40年里，取得了极大的进步。我们现在的生活水平比40年前提高了很多，无论用哪一种经济指标来衡量，这都是无可辩驳的事实。我们发现，随着经济的发展，城市化也在同步推进。相当比例的乡镇变成了城市，城市的郊区变成了市区，很多外来人口也在大城市定居。城市化与经济发展之间存在内在联系。每个人在享受经济发展成果的时候，也必须面对城市化的后果。

但是，上海变成现在这样，并不是所有人都对此满意。上海城区的扩大、人口的猛增、城市环境的巨大变化改变了很多人原有的生活模式。原本上海人多住在传统的石库门中，邻里之间有很多温馨的交流。现在大家都搬到远郊，原来人和人的关系被彻底打破。原本上海市中心充满了生活气息，人们购买路边小吃都很方便，如今这些路边摊都不见了，只剩下形式大于内容的网红店。目前，上海市中心的历史建筑都被拆除，地名被改，上百年的历史被硬生生地抹掉，新来的人对这片土地原本的生活方式没有任何尊重和兴趣。上海变成没有历史的抽象符号，包括我在内的对20年前上海生活方式还有一些印象的人，也变成了文化意义上的“无家可归者”。为什么我们要支持这样的城市化？

我们不妨回顾一下世界各国的城市变迁历史。很多城市的变迁都充满了偶然。比如伦敦，1666年，伦敦发生了一场大火，火势惊人，烧了很多天，把传统伦敦中心区域彻底烧毁。火灾造成的损失很大，但火灾也彻底摧毁了一些老建筑，使得伦敦可以在一片空地上重新规划，逐渐演变成今天的特大都市。再比如巴黎，1852—1870年，奥斯曼男爵主持巴黎的城市规划。他大刀阔斧地拆除旧建筑，建设古典式对称中轴线道路和广场，拓宽马路，改善卫生，彻底改变了巴黎的面貌。当然，奥斯曼的改建过于迅猛，引起广泛的批评，他也不得不因此黯然下台。现在，我们都赞美巴黎气势恢宏的城市规划，但对奥斯曼的评价仍然充满了争议。

那么，上海应该向何处去呢？上海是否应该进一步城市化，把城区范围继续扩大，从而使人口进一步增加呢？这个问题需要斟酌，需要我们回到一直在使用的经济学分析方法，即成本–收益分析法。在讨论一个包含诸多维度的政策时，我们总是需要谨慎地做一番成本–收益分析。

确实有不少经济学家支持进一步城市化，扩大城区范围，增加城市人口，哈佛大学的经济学教授格雷泽是其中的代表人物，他有一本著作叫作《城市的胜利》，系统地总结了扩大城市规模的好处。他认为知识具有集聚效应，大多数经济活动也都有这种集聚特征。甚至从环保的角度来看，我们也应该支持城市化。比如办公大楼里的中央空调，虽耗费大量能源，但这仍比每个人在家里开空调要环保得多。城市规模越大，这种效应就越明显。

但是，一些学者表示反对。他们提出，虽然扩大城区范围、增加城市人口确实会有收益，这一点也比较容易计算，但是成本呢？城市变化所导致的成本往往会被低估。大城市的环境污染在经济上很难计算。上海原本是个水乡，如今变成了钢筋水泥森林，河道全被填没，其中有多少潜在成本？上海原本的石库门文化变成了千篇一律的商场，上海人心理创伤的经济成本又有多少？经济学家对这些“非市场化商品”的成本一直缺乏有效的估算手段。因此，目前的城市化政策建议有可能低估了成本，算错了账。

结语

沿着马路往家走，我觉得并不轻松。我从小生活在这一平方公里内，但这一平方公里早已不是二三十年前的一平方公里了，可以说是沧海桑田。我周围的邻居也都换成了外来人，他们对过去这里的面貌一无所知，也并不关心。城市化的一些成本落在我的头上，但没有落在所有人的头上，我总要发出自己的声音。

赚更多钱就能更幸福吗

一天的散步快要结束了，我们再走最后一段吧！

我家旁边有一家哈根达斯店，这家冰激凌店的生意非常好，令人羡慕。我一直觉得它的冰激凌口味并没有超凡脱俗，但是它的宣传语一直往爱情、幸福的方向靠，使得人们看到它就会联想到爱情、幸福和美好的生活。这种心理上的触动就会让人感受到幸福，在上海这种压力极大的城市，一点点的幸福感都是极宝贵的。

我们一直在讲经济学，可经济学的目的是什么？衡量标准是什么？为什么我们要思考经济问题？这个追问像哲学问题，经济学家总不太愿意回答。但它又是一个不能回避的根本性问题，不管怎么讨论，我们最终还是要回到这里。

许多年前，经济学家构建出GDP这样的统计指标。这也是一种非常了不起的统计方法，可以比较不同空间、不同时间的人们的实际生活水平。所以，这个指标至今仍有极为重大的意义。但现在大家越来越意识到，GDP指标恐怕是不够的，它只是一个冷冰冰的数字，不一定能衡量我们的真实感受。现在中国的GDP每年都在以较快的速度增长，可是我们周围不快乐的人越来越多。是不是经济学家忽视了一些什么？

GDP的缺陷

经济学家确实忽略了很多东西。经济学家构建出GDP统计指标的时候，就知道它并不完美，它只是作为衡量人民生活水平的一种代表性指标。我们之前讨论过，要衡量一个家庭的财富水平是很困难的事。比如，一个家庭拥有的房子数量能否有效体现这个家庭的财富？不一定，因为有的家庭可能将房子卖掉了去炒股、投资。一个家庭每年的工资收入，比如年薪50万元、100万元，能否体现这个家庭的财富？也不一定，因为有的人更多依靠资本收入，而不是工资收入。很多企业的CEO（首席执行官）会把自己的年薪设定在1元，这绝不意味着他们就没有收入。他们有很高的收入，而1元的年薪能帮他们免除很多税。

所以，不管是房产数量还是年薪收入，都不是衡量家庭财富的完美指标。但不可否认，这两个指标仍是衡量家庭财富的有效指标。对于绝大多数家庭来说，这两个指标确实能说明很多问题。对老百姓生活水平的衡量，GDP也起到了类似的作用，它从宏观角度把一切生产品都考虑在内。但是，由于设计上的缺陷，GDP没有办法对一些重要问题做出反应。下面我们就来罗列一下。

首先，GDP没有考虑统计以外的经济活动。比如，GDP没有统计家务劳动。在现代社会里，很多家庭都要牺牲一个人（通常是女性），让其在家里照顾孩子、整理家务。家庭女性也非常辛苦，要照顾好所有人，每天的工作量一点都不亚于职业女性。但由于她所有的劳动都发生在家庭内部，经济统计时就不会将其考虑在内。

如果我们将这些工作外包，其价值一下子就体现了出来。如果一个家庭要请保姆来照顾孩子、做饭和收拾屋子，把这些活都外包出去的话，那么这笔开销可不低。这就是这些家务劳动真实的经济价值。很多家庭经过仔细计算发现，女性出去工作赚得的收入比付给保姆的工资也高不了多少。权衡之下，有些女性才选择做一个家庭主妇。而且，上海很多家庭都有两个孩子，那么仅妻子一个人照顾家庭可能不够，还要把老人接来帮着一起照顾孩子。老人虽然已经退休，但也不见得完全丧失劳动能力。大量老人都在家庭中发挥余热，这一部分的劳动也都没有进入GDP的宏观核算。

其次，GDP没有考虑地下经济。每个国家、城市都有地下经济。地下经济并不只是黄赌毒，它们可以是清晨的早餐车，可以是证件不完善的小吃店，也可以是街头帮人修鞋补衣服的小摊。它们虽然不在统计之中，却为我们的生活提供了巨大的便利。地下经济的规模可能很大。一些经济学家估计，地下经济在任何国家都要占到GDP的15%以上，在有些国家甚至可能占到GDP的一半。缺少了这一块的统计，GDP自然存在比较大的误差。

再次，GDP无法体现出收入分配问题，或者说公平问题。GDP统计每年新增的财富价值，但是这笔财富最终落到哪个人群的口袋，结果大不相同。从中国这些年的其他经济数据来看，穷人不见得变得更穷，但富人一定变得更富，贫富差距显著拉大，这使得中国成为全世界贫富差距最大的国家之一。公平一直是人们非常在意、非常关心的问题。一个存在严重不公的社会，必定会使人感到沮丧，而财富绝对数量的增加也无助于打消这种沮丧。这种现象也是对GDP比较严厉的批评。

最后，GDP没有充分考虑环境污染问题。GDP测量了生产导致的财富增加，但生产过程往往伴随着环境污染。环境污染就是我们对大自然的负债。短期来看，好像没人需要对它负责。但是长期来看，我们还是要面对这个问题，要投入更多的钱来治理环境。所以，GDP里其实包含了我们对自然的负债。环境污染本来就很难衡量。而且，在环境问题中，除了有明确测量指标的污染外，还包含潜在的成本。比如，随着人类活动范围的扩大，政府不断卖地，很多地区动植物的多样性都被破坏了。很多人会质疑，云南存在一万种蝴蝶还是一百种蝴蝶，跟我有什么关系？如果我每月收入能增加10元钱，那么云南蝴蝶就算彻底灭绝，我也毫不在乎。短期的经济计算确实如此，但是生物的多样性是否真的与我们完全无关？经济学家到现在也不好回答这个问题，只是从直觉出发，大家都觉得GDP可能遗漏了一些很重要的东西。

幸福指数

很多一直在外游历的朋友说，走过很多国家，不管其经济发达还是不发达，当地人似乎都很快乐。不管是在澳大利亚的海滩上，还是在印度的贫民窟里，人们脸上都洋溢着笑容，开心地互相打招呼。各个国家的人均GDP数据显示，很多人的经济水平并不算高，甚至也没有存款，可他们就是很快乐、很放松。

与之相比，中国人似乎是个很不快乐的群体。我走在路上，看到很多路人都怒气冲冲，稍有一点小事就火冒三丈。不仅是中国人，我们周边的日本人、韩国人，似乎也都不太快乐，整个东亚人大概都缺少某种快乐基因。日本人总是彬彬有礼、语气婉转，有一点自我压抑，很少会直接表达真实的情感；而韩国是个竞争激烈的社会，其中小学的竞争程度在全世界首屈一指。每年考试季结束，韩国青少年自杀案件就频频发生。日本、韩国已是经济水平相当不错的国家，中国的经济也在快速增长，但这些国家的幸福水平普遍都不是很高。

现在，有很多经济学家都同意，与GDP相比，“幸福指数”可能是另一种衡量人民生活水平的有意义的指标。它的思路与GDP不一样。GDP只是衡量财富生产水平，而一切财富的最终目的就是给人带来幸福，如果与人的生活无关，财富也就不能称为财富。但是，幸福指数就可以绕过各种复杂的计算直指人心，直接测量人们的心理感受。GDP和幸福指数是两条不同的道路，如果它们都是完美的，最终都应该导向相同的结果。

不幸的是，幸福指数的定义和测量存在很多技术性难题。前些年央视曾播出一段节目，一个记者在路边随机采访路人，问他“你幸福吗？”。路人茫然地回答说：“我姓曾。”这段节目使得“幸福指数”的概念名声大噪，同时也使这个概念变成大家心目中的笑话。

经济学家对幸福指数的调查已经开展了很多年。这项调查当然是很严肃的，不应该在路边随便访问，路边随便访问不可能得到有意义的结果。社会调查必须遵循一定的学术规范，需要仔细地设定两个标准：第一，访问谁；第二，怎么问。

“访问谁”涉及访问样本的随机性和代表性。如果你想了解在上海打工的农民工的状况，那么你在星巴克里做调查便没有意义，星巴克里根本没有你所关心的对象。“怎么问”也同样重要，你不仅要保证被调查者能够充分理解你所提的问题，还要想办法让他们回答真实的想法，这些都跟你的提问方式有关。那个央视记者并没有根据社会调查的规范去问，因此得到一个莫名其妙的回答也就很正常。

经济学家在全世界范围内做了很多年的幸福指数调查，并且已经有一些重要发现。但各种调查之间存在比较大的差异，经济学家对调查的方法论也有不一致的看法。很多国家对采用幸福指数作为人民生活水平的衡量标准还心存疑虑。所以，GDP在短期内不会退出江湖，还将是我们重要的参考指标。

经济生活的目标

幸福指数最基本的调查方法就是向调查对象提问：“我们非常关心你对自己生活的满意程度。假如你对生活非常不满意，你就用1表示；假如你对生活非常满意，你就用7表示。假如你对生活的满意程度在两者之间，你就用1至7之间的一个数字表示，数字越大表示你的满意程度越高。你会选择多少？”被调查对象在理解这个问题后往往会陷入沉思。

幸福是所有人都会追求的终极目标，但幸福可以分成不同的层次，不同人对幸福也有不同的理解。200多年前，英国哲学家边沁认为，幸福是很直接的，甚至是很身体化的，身体能感受到的幸福就是幸福。而另一个哲学家密尔则认为，幸福可没那么直接。幸福除了身体，应当是包含反思的，并没有那么肤浅。

比如锻炼，给我们带来最直接的身体感受是痛苦。所有人在理智上都知道，经历过这些痛苦以后，慢慢地我们就会从中得到回报，甚至还会感觉到快乐。但是，这个过程并不容易，需要克服起初的困难。很多人都没办法坚持迈出最初的几步，也就无法收获最终的幸福。我们常常为自己缺乏毅力、缺乏决心而后悔，也不断地在短期快乐和长期快乐之间犹豫不决。

经济学家发现，你在不同的时间向同一个人提问，他的结论很可能会不一致。如果他刚刚下班，身体疲惫、心情沉重，他的回答结果值就偏低；如果你在周末或者他放松、休息的时候提问，得到的结果值就会偏高。

一个人的幸福水平，与其当下状况和长期反思能力直接相关。苏格拉底有一句名言："未经反思的人生是不值得过的。"但是，不断地反思到底会直接降低幸福指数，还是会从更高深的层面提高幸福指数呢？经济学家和哲学家都关心这个问题。经济学里似乎没有什么永恒的难题，但如果要我找一个出来的话，我认为那就是对人性的关怀。

人是经济学研究的起点，也是终点。在经济学家看来，人性总是难以摸透，所以它才至关重要。

结 语

在哈根达斯店门口，我停了下来。我从家里出发，就在这一平方公里范围内走了半天，看了许多、聊了许多，终于又回到了起点。

一平方公里的范围是个微不足道的空间，但是一滴水就是一个宇宙，一平方公里内的事物也与整个世界的经济活动紧密联系在一起，我们的讨论既深受局限，又拓展无穷，这大概也是经济学学习中最奇妙、最引人入胜的地方。

附录
梁文道与梁捷对谈

梁文道：你好，梁捷兄。我想跟你谈一下经济学里面的一些核心概念，再跟大家探讨一下经济学最近很受关注的一个范式转移问题。可是我想先跟你从贸易摩擦的角度谈起，你觉得如何？

梁捷：好的，我们就从贸易摩擦的角度谈起。

梁文道：好的。今天很高兴在这里请到梁捷老师，请他跟我们一起聊聊。他在“看理想”App上面有一个很奇怪的节目，副标题叫作“像经济学家一样思考”。顾名思义，大家一听就晓得这是一个关于经济学的节目，甚至是个经济学入门节目。到底经济学家怎么看这个世界，经济学家用什么样的方法和角度来分析这个世界？可是节目的主标题就让很多人觉得莫名其妙了，叫作“一平方公里内的经济学”。其实原意很简单，就是从我们日常生活和居住地开始聊。假想在一平方公里内，我们会遇到什么事情，我们每天的生活行为（衣、食、住、行等各方面）会遇到哪些现象，这些现象都可以从经济学角度来分析。只不过梁捷兄在我们这里做的事情，我觉得目前国内很少有人会从这个角度来跟大家探讨经济学。很多人一听都觉得非常陌生，甚至不适应，会问：难道这也算经济学吗？这当然算经济学，大家觉得陌生是因为这是经济学的前沿和发展方向。

先不说这么多经济学专业内容，我们先谈一个很多老百姓都关心的问题——中美贸易摩擦。最近中美贸易摩擦好像被推上了一个新高潮，我们谈谈贸易摩擦到底是怎么回事，它对我们普通人日常生活的影响怎么样？我们现在常常在微信公众号以及其他媒体上看到很多分析贸易摩擦的文章，特别是很多经济学家做出的分析。我想知道从一个像你这样的经济学家的角度来看，这到底是怎么回事，我们该关注些什么。

梁捷：好的，谢谢道长。这个问题既好回答又不好回答。好在我们是现在讨论这个问题，如果在多年前讨论这个问题，可能结论又不一样了。贸易摩擦已经有一段时间了，我们现在回过头来能够比较全面地看待这个问题。经济学的研究要基于现实的数据，但是经济学家获得数据的时间总比现实晚。要有现实的事情发生，经济学家才能够获得数据，因此经济学从来不是一个能够立即做出反应的学科。所以，你要说当前经济学家对贸易摩擦有什么反应，从我的角度来说，我很可能和大众一样，就是看看新闻，看看一些券商是怎么反应的。

梁文道：原来是这样的。我总以为你们是“医生”，总盼着经济学家给所有的问题开药方，特别是对于这种事。

梁捷：经济学家特别不擅长短期分析，真的开不了“药方”。

梁文道：这是个误会。

梁捷：对，这真的是一个误会。只有根据症状、实际的发病情况，经济学家才能开“药方”。但实际的情况是，没有人知道今天发生了什么，或者昨天发生了什么。中国这么大，情况又那么复杂，数据汇总起来需要花费很多时间，所以没有一个严肃的经济学家可以在非常短的时间内做出反应。

梁文道：好的，所以说，对于这场贸易摩擦，要经济学家现在给出很总体的、宏观的判断恐怕是很困难的，是不是？

梁捷：是的，非常困难。所以，这是经济学家和其他专家（比如时政评论家）的一些区别。时政评论家或者新闻从业人员可能要快速对现实做出反应，这是他们的工作需要，但是经济学家实在没有这个能力。我们可以看到现在主流的学术期刊上发表的论文，它们所呈现的数据往往是几年前的，甚至5年前、10年前的，这很正常。假设现在是2019年，而2019年的中国经济数据很难拿到，我们只能拿到2018年、2017年的数据，然后基于这个数据做研究还需要很长时间，论文发表需要更长的时间。所以，经济学的绝大多数研究没有即时性，经济学往往不能对我们现实生活中感触很强烈的一些问题及时做出反应。贸易摩擦也已经发生了一段时间，现在我们可以陆陆续续看到一些严肃的经济学家开始做出一些基于数据的、实证的研究。现在实证的检验结果跟大家的预期其实差不多，那就是贸易摩擦对美国造成了一定的损害，对中国也造成了一定的损害。而且，不管是经济学家的看法，还是券商的一些认识，大家越来越不在乎短期的波动。而从长期来看，可能贸易摩擦又不是特别重要，不一定会持续保持高强度。从长期来看，决定两个国家经济水平的，还是各自的基本面、各自的经济发展水平、各自的经济状况。

梁文道：这样我就有一个问题了。因为我稍微学过一点经济学常识，对世界上很多经济活动大概都会有一些带着理论观点的常识性看法和判断。比如说贸易摩擦，它很明显就牵涉国际贸易的问题，国际贸易是什么呢？根据以往学到的最粗浅的经济学常识，我们说这是一个供需问题、一个国际分工问题等。放在这样一个框架里讲，我们常常都会觉得大部分的国际贸易都是很正常的。自亚当·斯密的《国富论》以来，大家都觉得国际贸易是一件好事，能够促进所有参与国际贸易国家的经济发展。贸易摩擦就会破坏国际贸易，这肯定是不好的。大多数人都有这种想法，难道这种想法是不对的吗？

梁捷：如果这个想法放在几年前，我觉得很多人都会支持。

比如说《经济学原理》的作者曼昆。他在书的开头列出了10条经济学原理，其中一条就是自由贸易。他还说，美国90%以上的经济学家都支持自由贸易。从逻辑和现实的角度来看，我们都觉得应该支持自由贸易。但是，这两年国际形势突变，特朗普反对自由贸易，美国政府的思想观念开始出现转变。特朗普提出很多这种观点，在传统的或者主流的经济学家看来，这些大都是荒唐的。现在也有越来越多的经济学家，用一些实证方法证明特朗普的结论是不对的。但这就是现实世界中有意思的地方。我们能够从理性、科学的角度来证明某些东西是不对的。但是，在现实当中，在向大众传播过程中，它有可能获得普通民众的支持。

梁文道：好，面对这种情况，又产生了一个问题，即一个经济学家讲的道理跟我们日常生活的政治现实之间有一种割裂的状况。我们今天在全世界都面对很多不可思议的事情。从一个知识分子的角度来讲，尤其是经济学家的角度来讲，这些事情是逻辑上与道理上很有问题的一些国际政治现实。比如说我们一开始讲的中美贸易摩擦，对于特朗普发起这样的贸易摩擦，其实大部分经济学家都是反对的。除此之外，我们还关注了英国脱欧事件。关于英国脱欧这件事，我没记错的话，当时主流经济学家多半是反对的，都认为这对英国没有好处。可是问题来了，为什么有那么多美国人民支持特朗普主张的贸易摩擦，有那么多的英国人民支持英国政府的脱欧主张。这就牵涉一个问题：对于这些老百姓或者政府官员，他们的日常生活是怎样的，他们的观念是如何形成的。好像大家都觉得美国、英国这些国家的民众，之所以走向极端，好像是跟他们某种社会地位或者收入的不平等相关，至少是跟他们对不平等的感受相关。对于这样一种不平等的状况，或者至少他们主观认为不平等的感受，经济学家该怎么办？你能不能跟我们介绍一下。因为以前经济学家不太谈论这个问题。

梁捷：我觉得这些正是现在经济学家非常感兴趣的且正在研究的问题。因为过去大家会觉得平等并不是一个经济学的问题，经济学家主要应该关注效率的问题。可是平等在当今很多经济学家看来非常重要，而平等这个概念的界定又很困难。平等有客观上的平等，有主观上的平等，还要看你怎样测量。比如说，我们过去会用单纯的收入不平等来计算，但现在我们知道收入不平等其实也是一个很复杂的概念。因为一个人的收入包括各种各样的收入——可能有灰色收入，可能有海外汇款。比如说，在中国，一些农民由于拆迁突然就暴富了。他们并没有什么收入，但其资产是非常高的，所以收入本身是一个非常复杂的问题。而在现实当中，我们看到一些国家收入不平等，其基尼系数很高，但是整个社会其实也非常和谐。穷人并没有对富人不满，大家心安理得地过着自己的生活。但是在另一些地方，人们的收入差距还没有扩大到非常严重的地步，整个社会就出现了很多问题。所以，怎么看待收入的不平等，怎么看待自己处于的社会阶层，也是非常重要的问题。而在二三十年前，经济学家是很少考虑这些问题的。但到了今天，经济学家对这些问题非常感兴趣，我们的收入不平等状况到底是怎样的？每个人可能因为自己的社会阶层和工作机会或者移民所导致的怨恨，从而支持一些政策，类似脱欧也好、贸易摩擦也好，最终导致一些不理性的结果。

梁文道：照你刚才这么讲的话，就现在经济学家面对的这种问题来说，比如说公平问题——也是我们在政治学、社会学或哲学里面会讨论的问题，经济学家认为这种问题相对不重要。比如你说某个地方虽然整体的GDP上升了，可是收入差距在扩大。经济学家通常给我们的标准回答是，这个问题不重要，重要的是从前穷的人现在也比30年前富了，这难道不是好事吗？你为什么要去计较现在最有钱的人跟你之间的收入差别呢？以前我们都觉得经济学家不管这些问题的，反过来是社会人文科学的人更关注这种公平的感受。照你刚才这么讲的话，现在经济学家也认为这是他们要处理的问题了。因为以前的经济学家可能也没有相应的研究这些问题的工具、理论、概念，现在的经济学家怎么办？他们面对这种问题是不是无能为力，还是说也开始使用工具了？

梁捷：是的，现在经济学家有了很多新的工具，包括很多跨学科研究——和心理学、社会学、政治学以及哲学的一些合作，我举一个例子。

梁文道：好。

梁捷：这个例子叫作实验经济学，过去我们都认为经济学有一个重要的假设，即人是理性的、自私的，人只考虑自己，不考虑其他。但是，今天大量的证据已经证明，虽然人在很大程度上是理性的、自私的，但是人的内心也有一部分是要考虑别人的，别人的痛苦、困难会使自己不快乐。比如说，如果自己的收入减少1%，能给别人增加100%的快乐，那么很多人是愿意做出这样一种选择的。当然，经济学家更关心的是人在怎样的环境下做出怎样的选择，比如说让你牺牲1%的收入，你可能愿意，但让你牺牲10%、20%、50%的收入呢？个人追求公平或者他人的福利，会对个人的福利造成多大程度上的影响，在这方面，实验经济学家或者说行为经济学家已经做了非常多的实验，即在各种各样的场景下来检验他人的福利对个人福利的一些影响，从而产生了很多很经典的研究。

梁文道：这种事情能做实验吗？怎么做呢？

梁捷：比如说设定某一场实验，我和你面对面，我们是不认识的，第三个人拿出来100元钱交到你手里。你有两种选择：第一种选择是你直接拿走了100元；第二种是你把这100元分一部分给我，你可以分出1元、2元，也可以分出50元。这样重复做100次、500次、1 000次，你觉得绝大多数人的选择是怎么样的？

梁文道：我本人觉得，大部分人会平分，或者说起码不是自己全拿，否则会觉得不太好意思，是不是？

梁捷：是的，结果就是这样的。但是，如果按照过去的绝对理性的经济学来说，那么所有的人都会把钱全拿走，不会把钱分给其他人，因为我和其他人是陌生人的关系，也许以后不会再见面了，那我为什么要分钱给他呢？可在现实中，绝大多数人会分出一点钱来，甚至分出一半来。

梁文道：那这种情况会不会跟我们是什么人有关系呢？比如说，会不会跟我们所在国家的文化有关系？举个例子：我们中国人都是学雷锋的好学生（专门利人，毫不利己），我把100元全都给了别人；有些国家的人可能就分一半，因为他们喜欢平等。会不会也有这种区别？

梁捷：我介绍一篇非常经典的研究论文，发表于2001年经济学最好的学报——《美国经济评论》，一批经济学家在世界各地几十个不同的人群中做了一项实验，实验对象既有大城市的公司白领，也有原始部落或草原游牧民族，经济学家在这些人中做了互惠利他的实验。结果发现，互惠利他这种偏好在各种人群中是普遍存在的，不管是原始民族，还是高度文明、开化的人群，普遍都有这种相互帮助、互惠利他的偏好。也就是说，人是理性的假设过于绝对和简单。现在我们已经有太多的证据表明，人是绝对理性的假设是不成立的。

梁文道：这让我想起来最近几年看到的一些新闻——偶尔我也关心一下学术界的消息。这几年，很多人都在谈论经济学的范式转移问题，比如说，经济学学术史上有几本很重要的经典教科书，在我读书的那个年代，最经典的就是萨缪尔森的著作，可能大部分学过经济学的人都读过他的书，那是一本风靡全球的教科书，后来就流行你刚才说的曼昆的书。曼昆的那本教科书，其实是基于他在哈佛大学教的“经济学101”的讲稿。他的那本教科书非常火。我们知道，哈佛大学是美国最著名的高校之一。哈佛大学最有名的、最多人想去上的课就是“经济学101”。它很牛，其他大学的经济学入门课程都是参考哈佛大学的“经济学101”。这门课程及曼昆的教科书等于给大家设定了一个范本，可是在2020年新学期，哈佛大学多了一门新课，这门新课叫作“经济学1152”（Economics 1152），其副标题叫作Using big data to solve economic and social problems，就是用大数据来解决经济和社会问题。任教的人名叫拉杰·切蒂——这几年很红的一名年轻经济学家。这位年轻的经济学家在哈佛大学开设了这门课，这门课看似直接挑战甚至将来可能改变“经济学101”的经典地位。上这门课的人很多。在这门课上，拉杰·切蒂跟我们过去读到的曼昆那本经济学教科书所讲的经济学方法完全不一样。曼昆一上来——就像你刚才所说的——解释介绍经济学十大经典规律，比如说供需关系、供应曲线、消费者盈余和生产者盈余等。可是，拉杰·切蒂一上来不是给你讲原理，而是给数据，并且他的数据都是反映美国的收入不平等问题、收入不平等跟种族不平等问题的关系，在一张美国地图上用各种颜色、各种数字展示，教法完全不一样。

这个消息传出来之后，很多人感到震撼，觉得整个经济学的教学在美国大学开始掀起了一场革命，好像越来越多的人觉得传统经济学只是先给出一些基本的观念和前提假设，然后再给你一套理论，即从抽象走到现实。我们在过去学经济学的时候，很多案例是用来说明理论的有效性，说明这些前提的正确性。可是现在反过来了，像拉杰·切蒂的这门经济学课，先从数据出发，然后反过来提出很多原来我们过去深信不疑的理论和前提可能存在的问题，这时候我们该怎么办？你觉得这是不是整个经济学界的一次大转型呢？

梁捷：是的，我觉得这就是整个经济学界的大转型。当然并不是说要彻底抛弃以前曼昆的经济学，或者推翻用逻辑推导的那些经济学。我们也并不是要走到反面，说人是完全非理性的动物。我们只是说，人在大多数情况下仍然是理性的，但是人也有关心他人的动机，也有利他的偏好，也有希望跟别人建立互信、互助、互惠的一种心理偏好，这种偏好在所有社会都是存在的。比如，我手头也有一本挺不错的经济学教科书——也是我经常在看的——由三位有影响力的中年经济学家合编的，这三位都有可能是未来诺贝尔经济学奖得主。第一位是麻省理工学院的阿西莫格鲁，第二位是莱布森，第三位是李斯特。他们的教科书和曼昆的教科书最大的区别是强调经验主义，也就是我们今天说的基于实证的经济学或者循证经济学。我们需要用现实的数据来检验这个理论的真伪。就像我们前面说的，人可能是理性的，但人也有非理性的一面，那么人到底在什么情况下是理性的，在什么情况下是非理性的？人的理性程度到底是80%还是70%？这是非常重要的问题，我们没办法从模型中推导出来，我们需要用经验的数据来进行检验。又比如，自由贸易是不是一定对两个国家都有好处，会不会带来其他问题呢？就像特朗普一直担心的，如果允许自由贸易，那么中国向美国出口了太多产品会不会导致美国严重失业呢？我们从理论上推导是这样的，但现实比理论要复杂很多。现实到底是不是这样的，我们就要找到现实数据，通过实证、经验来检验这个问题。所以，最近的二三十年经济学发生了非常大的变化。经验主义用数据来进行实证，这在过去被认为是经济学的一个辅助工作，但是现在已经变成经济学一个非常重要的组成内容，甚至变成经济学最核心的内容。可以说经济学理论在过去二三十年的发展呈现一个放缓的趋势，也就是说我们现在掌握的经济学理论和二三十年前的经济学理论的差别不大，理论上可能有一些进展，但是不见得是根本性的、突破性的进展。但是，从经验的角度来说，我们现在能做的大量检验性的工作，在二三十年前是绝对做不到的。在二三十年前，我们是没有办法获得大量数据的。那时候，经济学家只能给我们写一个数学模型，我们用逻辑来推导这到底是怎么回事。但是现在的很多问题，我们不需要推导了，我们可以直接采集数据，亲眼看一看它们到底是怎样的。

梁文道：这个很有意思，因为听起来等于说现在经济学家要研究的领域，好像开始跟传统意义上由社会学家、政治学家甚至心理学家要研究的东西相关甚至重叠了，是不是？

梁捷：是的。现在的经济学家绝大多数是码农，就是在电脑前编程，这变成了大多数经济学家的工作。一小部分经济学家还在用纸和笔来写数学公式，但他们只占一小部分，大多数都精通复杂的编程语言。比如，有一些经济学家能够用地理信息系统——遥感。

梁文道：地理学用的那种工具？

梁捷：对，而有些可以用到语义分析。

梁文道：语义分析？

梁捷：对，用计算机来做语言学的深入分析，甚至人工智能机器学习，现在我碰到的经济学家大都在交流机器学习，大家都在学习最新的工具。

梁文道：也就是说，这些工具都是为了能够获取更多的数据、资料跟证据，同时也是用来分析这些数据、资料和证据的工具，对不对？

梁捷：是的。又比如，现在经济学家非常喜欢用的一个工具，叫作卫星夜间亮度的数据，不知道你听说过没有？

梁文道：不知道，说说看怎么回事。

梁捷：假如我们现在想研究一个地区的经济发展水平，比如索马里的经济发展水平。这是一件很困难的事情。

梁文道：对，没错，到索马里之前就会被海盗劫掠。

梁捷：对，经济学家怎么研究索马里的经济呢？很困难吧？

梁文道：对。

梁捷：经济学家想出了一个办法。很多卫星在围绕着地球转，每天晚上都在拍照，也许你看到过一些夜间地球照片——有些地方是很亮的，有些地方是很暗的。

梁文道：对，我看过那种照片对比，比如中国东北晚上很亮，但是一江之隔的朝鲜光线就比较暗。

梁捷：对，所以像索马里这些地方，我们没有办法亲自去那里调研，但是我们可以看卫星照片，可以用计算的方法算出这几个地方比较亮，其他地方比较暗，再隔一段时间看那几个地方是不是变得更亮了，或者亮度是不是转移到其他地方了。因为经济学家已经证明了这个地区的亮度与其经济发展水平是高度相关的。所以，我们可以用这种间接的办法来观察卫星地图上的亮度，以此来推测其目前的经济水平。

梁文道：也就是说，经济学家不能再像以前那样坐在书斋里面看别人提供的数字，用自己的理论加以推导，然后在理论上面构筑。我记得自己年轻的时候读经济学有个印象，经济学家几乎都是数学家，数学不行的人根本搞不好经济学。但你今天这么讲，经济学家现在变成了像是在做社会统计、社会调查，甚至同人类学家一样了。

梁捷：是的，我觉得这就是经济学现在面临的非常大的范式转移，也是我希望能够在这本书上跟大家传达的一些内容，这些是我个人非常感兴趣的议题。

梁文道：我懂了，难怪我听你的节目的时候，就感觉它跟我以前听的经济学节目、上过的经济学课或看过的经济学入门书都不一样，这也是让你的很多听众困惑的地方。节目开头没有跟我们讲“理性人”，没有跟我们讲供需曲线，没讲利润，而是讲经济学家怎么样获得数据，这是不是就是你做这个节目的一个用意？

梁捷：是的，这就是我的用意。在我看来，数据非常重要，而要获得数据其实是很不容易的。现在经济学家花了很多时间来处理、分析这个数据，这是大量经济学家投入工作的地方。所以，我想要跟大家分享现在经济学的发展，告诉大家经济学家现在在做什么，告诉大家学经济学就应该从这些问题入手，让大家先有一个直观感受，从而认识到我们可以从经验主义的角度来认识经济学。以后有机会我再讲一些其他的理论，或者其他的一些跨学科研究。

梁文道：好的，你刚刚说到这一点，我有个问题。因为到目前为止，除了你这个节目之外，我还没有见过国内有别人从这个角度来做经济学节目，甚至连从这个角度来写一本经济学入门书都很少见。那么，你觉得这是什么原因呢？假如说像你讲的这是整个经济学的新范式，最近20年来大家都朝这个方向走，可是为什么大众对经济学的认知并不是你刚才说的那样？甚至今天网络上给我们讲解的经济学家也不这样说，是什么理由呢？

梁捷：30年前有一个非常主流的强大范式，即所有的经济学家使用的语言、工具都是非常相似的，大家可以围绕这套范式来工作。在我看来，曼昆的经济学和萨缪尔森的经济学，本质上也没有太大的差别。

梁文道：对，没错。

梁捷：但是到了今天，在某种程度上，我觉得经济学进入了一个后现代的状况，就是用各种方式研究经济学的人都有，既有做传统工作的人，也有完全投入计算机上的人，也有用类似于人类学方法去研究经济问题的人，经济学被割裂成很多的门派，很多经济学家听不懂另一派经济学家的思想或者无法做另一派经济学家的工作。

梁文道：这会导致今天我们很多做节目的经济学家或者写书的经济学家没有办法去完整地介绍现在的经济学趋向，是不是？

梁捷：是的。经济学的变化非常大，我有非常深刻的感受，因为我从一进大学开始就学经济学，但是现在回过头来看，已经过了20多年了。我当时学的很多经济学理论，现在看来可能是过时了。我印象很深的一个例子就是，在2000年的时候，因为是千禧年，我记得当时经济学最好的学报邀请了一些最有名的经济学家——个个都是诺贝尔经济学奖得主——来预测到了新千年经济学会朝哪些方向发展（预测经济学的发展方向）。10年后的2010年，我们回过头来看，他们10年前的那些预测基本上都是错的，所以这就是经济学的变化。像我刚才说的，实验经济学在2002年刚刚获得诺贝尔经济学奖，也就是说经济学的主流群体才勉强承认这样一种研究方法和研究范式，而且当时经济学界一片哗然。很多经济学家觉得这很荒唐，怎么能够把诺贝尔经济学奖颁给这样一个看起来旁门左道的研究方式呢？

梁文道：我记得那年是行为主义的经济学家得奖，是吧？做行为研究的经济学家。

梁捷：但是，现在已经没有人这样说了，我有时候去参加不同领域的经济学会议，而参加人数最多、规模最大的会议就是行为经济学和实验经济学的会议。也就是说，越来越多的经济学家在拥入这个领域，甚至一些做了几十年传统经济学的老教授也开始转向这个领域。

梁文道：我能不能这么讲，今天经济学的入门书籍或者入门节目之所以没有介绍这些内容，是因为这些内容太新，人们还来不及将其总结成一个足以介绍给大众的知识，或者说很难做到这一点。今天人们从大众媒体中获得的经济学知识，实际上是已经（我能不能大胆地说）接近过时的知识，是这样子吗?

梁捷：是的，至少我个人认为是这样的。当然，现有的这么多新颖的经济学研究成果，怎样重新凝聚成一个新的经济学范式，是一个令人很头疼的问题。因为现在没有面向大众的好的经济学教科书或者科普读物，即使对于经济学专业的学生来说，其实也没有很好的教科书。现在，大多数年轻人学的也是曼昆的教材或者其他教材。如果要学习一些最新的东西，他们只能看论文，或者由老师手把手地教。所以，这个问题在经济学圈外和圈内都存在。这也是我自己经常会思考的问题，因为我也在学校里面教经济学的入门课程，但是怎样跟学生讲这些问题呢？比如前面的自由贸易问题，曼昆说90%的经济学家都支持，但特朗普不支持自由贸易，有相当多的民众也不支持自由贸易，那么曼昆的这句话可能就过时了。

梁文道：也就是说，会有经济学家反对吗?

梁捷：现在已经有不少经济学家没那么支持自由贸易了。我们过去会觉得经济学由于新古典的范式，天然和自由主义、自由竞争、自由贸易联系在一起，所以作为严格的经济学训练出来的学生，天然可能会有自由主义倾向，但是这种倾向我觉得在今天可能要打上一个很大的问号。

梁文道：这让我真的非常意外。

梁捷：对，所以今天经济学变成一门实证导向的经验主义学科，或者是基于证据的学科，越来越多的经济系的学生也意识到掌握搜集数据、分析数据和处理数据的方法对他们发表论文来说是更重要的一项训练。而经济学的原理，包括自由主义的原理可能并不太重要。而且，这些原理在越来越多证据的挑战下，很多时候变得越来越可疑。

梁文道：我就想起来会不会有点像医学的演变？比如说，当现代医学发展到了循证医学之后，对于古代希腊作家的这些医学史或者体验理论，现在任何一个受医学训练的学生都不需要知道。他们更需要的是对更多人身体上种种数据的搜集和对各种病理现象的观察，我能不能做这样一个类推呢？

梁捷：对，我觉得非常相似。甚至可以说，我们很多经济系的学生使用的工具和医学院的学生使用的工具是一样的。所以，经济系的学生变得越来越像医学院的学生，反而离人文越来越远。所以，我觉得这既是经济学的巨大转型，也是我们作为受过传统经济学训练的人所感到的一些焦虑或者不安的地方。

梁文道：说一下你自己吧，我觉得你作为一个经济学家，有一点很特别，因为我晓得你很多年前去过印度做田野调查，当时我听到这件事的时候还跟朋友说，梁捷是不是转行做人类学了？后来我才知道原来你还是在做经济学，这到底是怎么回事？

梁捷：这就像我们一开始提到的一门新的学科——实验经济学。实验经济学有两种做法。一种叫作实验室实验经济学，也就是找一些学生来做实验。找学生比较容易，但其缺陷是，我们并不知道这些学生的表现和真实世界中的人的表现是不是一样的，这需要进一步检验。另一种很有名的方法叫作田野实验经济学。我很喜欢的一本经济学教科书，其中一个作者叫作李斯特，是芝加哥大学的教授。他可以说是田野实验经济学的创始人，或者是这个领域最重要的代表人物。他的工作就是一天到晚跑到世界各地，在各种匪夷所思的情况下，做一些在我看来非常精彩的田野实验。

梁文道：你当时去印度做的是什么呢？

梁捷：最初的出发点是我自己的一个感触。我在国外碰到很多印度老师，跟他们聊天后发现，90%以上的印度老师都是从印度孟加拉来的。我就没有碰到从印度南边泰米尔来的老师，也没有见到从印度西部古吉拉特来的老师。我发现所有的大学学者或者我接触到的印度导演、画家、艺术家好像都是从孟加拉来的。

梁文道：孟加拉是指国家孟加拉吗？还是？

梁捷：不是，是西孟加拉邦。

梁文道：紧邻孟加拉国的印度省份。我懂了，然后呢？

梁捷：我在国外出门碰到的出租车司机很多是锡克人。锡克人是从印度西边旁遮普地区来的。锡克人为什么不去做大学教授呢？或者说，孟加拉人为什么不去做出租车司机呢？这是一个让我非常好奇的地方。我去问这两类不同的印度人，发现他们的表现、行为也很不一样。在孟加拉地区的那些印度人更愿意跟你聊学术，跟你聊艺术，跟你聊一些抽象的东西，他们特别有文艺细胞。而从旁遮普地区来的那些印度人就特别实在，大家喜欢聊生意、聊经商，比如怎样开店、怎样做投资，所以我就觉得这两个地方的文化可能有非常大的不同。这是我自己的一个观察，但是这两个地方的文化是不是真有这么大的不同呢？还是它们相互之间存在一些歧视或者偏见呢？为了检验这个问题，我和几个朋友跑到印度，设计了一些田野实验，去检验我这个猜测是否正确。

梁文道：所以，如果用经济学术语讲的话，你到印度其实是要做一个关于就业选择的田野调查研究，是不是？

梁捷：是的。其实，我是做了一个实验，在劳动力市场来检验两个地区的人们的偏好是不是不一样。孟加拉地区的人可能更注重文化或者更为自己的文化而骄傲，而旁遮普地区的人可能更实际。

梁文道：结果呢？

梁捷：结果确实如此，孟加拉地区特别文艺，它是文艺之邦，而旁遮普地区更商业，大家的选择就更理性。孟加拉地区的人可能更梦幻，虽然他们在经济上可能不如旁遮普地区的人，但是他们觉得自己在文化上要高于旁遮普地区的人。

梁文道：这就有意思了，因为我们以前会觉得传统经济学不是太重视这种文化因素对经济活动的影响，但是你的研究说明一个地区的某种社会习惯和文化对当地人的就业选择是有实质影响的。

梁捷：是的，其实现在的经济学不再局限于我们以前认为的金融贸易的一些问题，现在的经济学可以讨论各种各样的问题，比如，现在经济学很火的一个方向——体育经济学。体育经济学就是经济学家用手里的数学工具来检验一些篮球比赛、足球比赛的结果，而且还有一个专门的期刊，不少经济学家都在做这项工作。

梁文道：这个太有意思了，以前从来没想过。

梁捷：是的，所以，当经济学变得非常繁荣时，各种方法都会涌入。

梁文道：层出不穷。

梁捷：对，甚至很多顶尖期刊上都会发表一些稀奇古怪的论文。当然，现在的论文作者都希望能够吸引眼球，所以他们做的东西也越来越稀奇古怪。潜在的问题是，经济学变得缺少共识，就是我们前面说的没有一个统一的范式。甚至很多经济学家认为，经济学是研究因果关系的一个学科。我当初学习经济学的时候所接受的教育是，经济学是研究人的行为的一个学科，但现在它已经从一种理论的经济学转向了一种完全基于实证、数据和证据的学科。我们并不知道这样一个转型的结果是什么样的，因为我们现在无疑还在这个趋势当中。再过10年、20年它会往哪个方向走，我们并不知道，只能走一步看一步，观察它怎么发展。

梁文道：好的，我最后有个问题，回到最开始说贸易摩擦的时候，我们以往会非常依赖经济学家给出的一些建议和判断。比如刚才我们提到的，经济学家常常在国内或者全世界被聘请为某一些上市公司的独立董事，或者成为重要的企业顾问，那是因为我们相信经济学家对企业的经营和未来有一定的贡献。更多时候，我们会期待经济学家对国家大政提出一些指导意见。比如，刚才我们提到的非常著名的主流经济学教科书的作者曼昆，他也是小布什在白宫时的顾问。因为我们假设经济学家有一套理论、工具，这些理论、工具是战无不胜的，所以这些经济学家能够在我们之前看到一些未来的趋势，他们能够依据抽象的理论来指导现实世界。但是，在听你讲完之后，我发现，原来经济学家的预测常常是错的。当然，这也是经济学界一个众所周知的笑话，即经济学家最容易预测错误。现在，你又告诉我们，那是因为经济学现在要讲证据，要搜集数据、材料。它总是落后于现实并给出一些事后的总结和分析。将来，你觉得经济学家还能够替我们充当那种比如说国策顾问或者企业顾问的角色吗？

梁捷：我觉得这取决于你从什么样的角度去评价一个经济学家。我们评价经济学家有不同的方式，比如说在名牌大学任教或在顶级的学术期刊上发表论文，这可能是学术界比较看重的指标。但是，能够在顶尖学术期刊上发表论文是否表示他对现实的经济，包括一些产业问题、具体问题足够了解呢？我觉得这一点是很可疑的。因为现在很多顶级的经济学家为了发表论文，必须把他的所有精力都用于搜集数据、撰写论文这些工作上，他可能没有时间去了解一些基本的产业问题，或者国家间的问题。我现在看到不少这样的例子，甚至我身边都有这样的例子。一些青年学者、青年教师本身受过非常好的经济学训练，也在大学里任教，但是最终他们发现自己并不享受在大学里不停地写论文、改论文、投论文、发论文这样一个过程。他们觉得用自己的这套工具到企业里面能够获得更有效的反馈。我认识的一个朋友就毅然从大学辞职，投身到企业里面，现在做得非常好。他利用搜集数据、分析数据的工具，能够做出很好的预测。虽然从在大学任教、在学术期刊发表论文这些指标来看，他不一定是最好的研究者，但是从现实运用数据的能力来说，他绝对是最好的研究者。

梁文道：我懂了。我们今天做这样一个经济学的入门节目，用了一种新范式来展现其背后的主导观念。尽管它太新了，但仍然是有意义的。以前我们发现很多经济学节目或者经济学书特别畅销，因为大家都觉得学好经济学说不定对自己的实际生活有帮助。比如，我在做生意、做工作时，都可能会因此有更好的决策。那是因为我们把经济学家当成先知，如果他们能给我们一套理论，我们就能无往而不利。但听你讲完，我们可能要纠正这种想法，这是不对的。尽管如此，我们吸收经济学的新知识对我们自己仍然是有帮助的，因为它可以让我们慢慢发现还有什么工具能够让我们更加了解这个世界，能这么讲吗？

梁捷：是的。因为经济学归根结底是一门社会科学，社会科学的本质是帮助我们了解这个世界、认识这个世界。所以，虽然经济学家在用工具得出一些数据，但最终的目的仍然是揭示问题，以帮助我们认识这个世界。

梁文道：好的，我懂了。非常感谢梁捷兄跟我们聊这么久。无论如何，我希望大家都能够更加踊跃地去听你这门“一平方公里内的经济学”，了解经济学这20年来的最新演变。谢谢梁捷兄。

梁捷：谢谢道长。